SOLIDARISMO
del dicho al HECHO

Una producción de

**CEDAD
Asesores**

Un agradecimiento profundo por su colaboración experta en la generación de
información al servicio del sector solidarista, a los impulsores que llevan al
solidarismo a regresar a sus VERDADERAS RAÍCES:
Patricia Picado Escamilla, y Jairo Araya Ávila

Una producción de

CEDAD
Asesores

***

CONSULTAS ILIMITADAS DE CORTESÍA
POR REDES SOCIALES

ORGANIZACIÓN
ES SINÓNIMO DE ÉXITO

Whatsapp +506 6058-1016
Email successcoachliz@gmail.com

y

Este Manual llega a usted gracias a

info@multisolcr.com   (506)6372-2703

ISBN: 978-9968-03-967-3

SOLIDARISMO

del dicho al HECHO

Gobernanza y Cumplimiento

Success Coach LIZ

Contenido

INTRODUCCIÓN A LA GESTIÓN SOLIDARISTA DE GOBERNANZA Y CUMPLIMIENTO

En el mundo actual, las asociaciones solidaristas juegan un papel fundamental en la promoción de la justicia social, el bienestar financiero y el desarrollo de sus asociados. Sin embargo, para que una asociación solidarista funcione de manera efectiva y cumpla con sus objetivos, es esencial implementar un sistema robusto de gobernanza y cumplimiento. Este sistema no solo asegura la transparencia y la rendición de cuentas, sino que también fortalece la sostenibilidad y la capacidad operativa de la organización a largo plazo. La correcta gestión solidarista de gobernanza y cumplimiento se convierte, así, en un pilar esencial para la continuidad y el éxito de estas organizaciones.

El concepto de gobernanza en el contexto solidarista implica el establecimiento de estructuras, políticas y procedimientos que guían el comportamiento de la organización y sus miembros, promoviendo la toma de decisiones informadas y alineadas con los principios éticos y legales. Mientras tanto, el cumplimiento se refiere a la adhesión a las normativas legales, fiscales y administrativas que rigen a estas entidades, garantizando que todas las operaciones se realicen dentro del marco regulatorio vigente. A través de una gestión adecuada en estas áreas, se busca no solo evitar sanciones y problemas legales, sino también optimizar los recursos y generar un impacto positivo en la comunidad.

Uno de los elementos más críticos en la gestión solidarista de gobernanza y cumplimiento es la necesidad de un enfoque integral que abarque las áreas contable, administrativa, legal y operativa. Cada una de estas áreas juega un rol específico y crucial en la estructura de la asociación, y su correcta gestión contribuye directamente al desarrollo sostenible y la efectividad de la organización en alcanzar sus objetivos estratégicos.

1. Gestión Contable: Un Pilar Fundamental para la Transparencia Financiera

La gestión contable en una asociación solidarista es una base esencial para la transparencia y la sostenibilidad. Una contabilidad precisa y conforme a las normativas no solo refleja la salud financiera de la organización, sino que también inspira confianza en los asociados y en las partes interesadas externas. Esto implica llevar libros contables actualizados, como el libro mayor, el libro diario y, en algunos casos, el libro de inventarios. Estos documentos son indispensables para realizar auditorías, presentar estados financieros y declarar impuestos de manera correcta.

Es importante destacar que la responsabilidad contable va más allá de simplemente cumplir con las obligaciones fiscales; se trata también de establecer una base sólida para la planificación financiera estratégica. Un buen manejo contable permite a las asociaciones solidaristas evaluar su rendimiento económico, identificar oportunidades de mejora y tomar decisiones basadas en datos precisos. Además, las auditorías periódicas aseguran que los recursos se gestionen de manera eficiente y alineada con los objetivos organizacionales.

2. Cumplimiento Legal: Asegurando la Conformidad y la Protección Jurídica

En el ámbito legal, las asociaciones solidaristas deben cumplir con una serie de requisitos específicos que les permitan operar dentro del marco regulatorio nacional. Esto incluye la inscripción en el Ministerio de Trabajo, la gestión de la reserva de liquidez según lo estipulado por la ley, y el mantenimiento de libros de actas y libros de asociados. El cumplimiento legal no solo protege a la organización de posibles sanciones, sino que también refuerza su legitimidad ante los asociados y el público en general.

Un aspecto clave del cumplimiento legal es la creación y gestión de reservas, tanto de liquidez como legales, las cuales deben estar claramente definidas y aprobadas en las asambleas. Estas reservas actúan como un colchón financiero para enfrentar contingencias y garantizar la estabilidad a largo plazo. No obstante, muchas asociaciones solidaristas fallan en llevar estas reservas adecuadamente, lo que pone en riesgo su viabilidad operativa y su capacidad para responder a cambios imprevistos en el entorno económico.

3. Gestión Administrativa: Eficiencia en la Planificación y el Control

La gestión administrativa es la columna vertebral que sostiene las operaciones diarias de una asociación solidarista. Incluye la implementación de planes estratégicos, la organización de recursos humanos y la capacitación continua del personal. Un plan estratégico bien definido permite a la asociación solidarista establecer metas claras, asignar responsabilidades y medir el progreso hacia la consecución de sus objetivos.

Además, la idoneidad del personal encargado de la administración de la asociación es un factor crítico. Contratar a profesionales con conocimiento del solidarismo y experiencia en gestión es fundamental para asegurar que las decisiones se tomen con una visión integral y orientada al desarrollo sostenible. El uso de sistemas operativos adecuados y herramientas tecnológicas también juega un rol decisivo en la eficiencia administrativa, facilitando la comunicación, la gestión de datos y la toma de decisiones basadas en información actualizada.

4. Operativa Solidarista: Innovación y Adaptabilidad en la Gestión del Cambio

La parte operativa de una asociación solidarista se enfoca en la implementación de los procesos que permiten la entrega efectiva de servicios a los asociados y el cumplimiento de sus expectativas. Este aspecto es uno de los más desafiantes, ya que requiere un equilibrio entre la eficiencia operativa y la flexibilidad para adaptarse a las necesidades cambiantes del entorno. Las asociaciones deben contar con sistemas operativos modernos y una infraestructura adecuada que respalde el trabajo de su equipo.

Una tendencia común en muchas asociaciones es operar bajo un enfoque de "economía de guerra", donde se prioriza la austeridad extrema. Si bien la prudencia financiera es importante, este enfoque puede ser contraproducente si lleva a la falta de inversión en capacitación, tecnología y condiciones laborales dignas para el personal. La operativa solidarista debe estar diseñada para promover una cultura de mejora continua y un enfoque estratégico en la generación de valor para los asociados.

GESTIÓN SOLIDARISTA DE GOBERNANZA Y CUMPLIMIENTO

Capítulo 1: El enfoque en el Cumplimiento, un factor determinante en la continuidad para la Gobernanza Solidarista

La gestión en una asociación solidarista requiere cumplir con múltiples normativas y procesos en las áreas **contable**, **administrativa**, **legal** y **operativa**. Estas cuatro áreas son cruciales para el éxito y la sostenibilidad de cualquier organización solidarista. Para lograr una gobernanza efectiva y un cumplimiento continuo, las asociaciones deben estructurar cuidadosamente sus operaciones y asegurarse de que todo el personal involucrado entienda los principios y las normativas que rigen su funcionamiento.

Capítulo 2: Cumplimiento Contable

El cumplimiento contable es una de las piezas más fundamentales para el adecuado funcionamiento y viabilidad de una asociación solidarista. Las asociaciones deben cumplir con una serie de normativas y prácticas contables que garantizan no solo la transparencia, sino también la eficiencia en la gestión de los recursos. A continuación, se detalla cada uno de los aspectos relevantes en esta área.

2.1 Obligaciones Contables

En el ámbito de la contabilidad de las asociaciones solidaristas, existen responsabilidades específicas que son críticas para asegurar la estabilidad financiera y la correcta operación de la entidad. Las principales obligaciones contables incluyen:

- Libros contables: Las asociaciones deben llevar registros actualizados que incluyan el libro diario, el libro mayor y, si aplica, el libro de inventarios. La importancia de estos registros radica en que deben ser mantenidos al día y presentados periódicamente a las entidades correspondientes para garantizar la legalidad y transparencia de las operaciones contables.

- Reserva de liquidez: De acuerdo con la ley solidarista, las asociaciones están obligadas a presentar una reserva de liquidez cada seis meses, la cual debe equivaler al 12% del aporte personal de los asociados, así como de los ahorros voluntarios. Este requisito es esencial para asegurar que las asociaciones mantengan un nivel de solvencia adecuado frente a cualquier eventualidad.

- Declaraciones de impuestos: Las obligaciones fiscales pueden variar considerablemente entre las asociaciones, dependiendo de sus actividades económicas. Algunas deben pagar impuestos sobre el capital inmobiliario, mientras que otras están sujetas a declarar impuestos sobre ventas o sobre la renta. Es crucial que cada asociación se mantenga al día con estas obligaciones para evitar sanciones fiscales.

- Estados financieros y auditoría: Al cierre de cada ejercicio fiscal, las asociaciones deben preparar y presentar sus estados financieros. Estos documentos contables deben ser precisos y reflejar fielmente la situación financiera de la asociación. Además, es obligatorio someterse a una auditoría contable para validar la exactitud y veracidad de los estados financieros y asegurar un manejo transparente de los recursos.

El incumplimiento de estas obligaciones puede conllevar sanciones legales y un significativo daño a la reputación de la asociación. Desafortunadamente, es común que muchas asociaciones solidaristas no cumplan cabalmente con estos requerimientos, especialmente en lo relacionado con la actualización de libros contables y la realización de auditorías.

2.2 Libros Contables: Procesos y Recomendaciones

Los libros contables son herramientas fundamentales para la correcta gestión de las finanzas de una asociación solidarista. Estos deben estar correctamente foliados y actualizados para reflejar todas las transacciones financieras que se lleven a cabo. En caso de pérdida o daño de estos registros, la asociación está obligada a solicitar nuevos ejemplares al Ministerio de Trabajo.

Los principales libros contables que una asociación debe mantener incluyen:

- Libro diario: donde se registran de manera cronológica todas las operaciones económicas.

- Libro mayor: que resume y organiza las cuentas según el plan contable de la asociación.

- Libro de inventarios (si aplica): necesario para aquellas asociaciones que gestionan activos físicos o bienes.

La auditoría contable es una práctica crucial que contribuye a la transparencia y a la mejora continua del manejo financiero. Esta auditoría debe ser realizada por profesionales competentes que aseguren que todos los registros contables están en orden y cumplen con las normativas legales y las mejores prácticas del sector.

Es vital que la administración de la asociación proporcione al contador toda la información sobre las transacciones diarias, tales como compras, ventas y movimientos de efectivo. Una comunicación efectiva entre el equipo administrativo y el contador es esencial para la correcta actualización de los libros contables y para la preparación de los estados financieros.

Auditoría en las Asociaciones Solidaristas

La auditoría es uno de los pilares fundamentales para garantizar la estabilidad financiera y operativa de las asociaciones solidaristas. No solo se enfoca en la revisión contable, sino que también abarca la operatividad de la organización. Idealmente, las asociaciones deberían implementar auditorías preventivas, que permitan detectar y corregir posibles fallos antes de que se conviertan en problemas mayores. Sin embargo, en la práctica, muchas asociaciones realizan auditorías "post mortem", es decir, después de que ha ocurrido algún problema, debido a la falta de recursos o planificación. Este enfoque reactivo pone en riesgo la estabilidad financiera de la asociación y su capacidad para cumplir con sus responsabilidades ante los asociados y las autoridades fiscales.

Un modelo de auditoría ideal para las asociaciones solidaristas debería basarse en una estructura de varios filtros. Esto asegura que los errores o discrepancias se identifiquen en etapas tempranas antes de llegar a la Junta Directiva. Los filtros recomendados son:

1. Asistente contable: Lleva los registros básicos de las transacciones diarias y sirve como la primera línea de control.

2. Administrador: Supervisa las operaciones generales y asegura que los procedimientos se sigan correctamente.

3. Contador: Se encarga de la revisión detallada de los estados financieros y asegura que las transacciones se registren de acuerdo con las normativas contables.

4. Auditor: Realiza una revisión más profunda de los registros contables y operativos para detectar posibles errores o irregularidades.

Además de estos filtros, el Fiscal de la asociación actúa como un nivel adicional de control, asegurando que se sigan todos los procedimientos internos y normativos. Esta estructura de auditoría, si se implementa adecuadamente, puede reducir significativamente los riesgos financieros y operativos que enfrentan las asociaciones.

La Figura del Auditor y sus Requisitos

El rol del auditor dentro de una asociación solidarista es clave para asegurar el buen funcionamiento financiero y el cumplimiento de las obligaciones tributarias. Para que la auditoría sea efectiva, el auditor debe cumplir con ciertos requisitos que garantizan su idoneidad y capacidad para manejar las particularidades de estas organizaciones.

Entre los requisitos básicos que un auditor debe cumplir están:

1. Incorporación al Colegio de Contadores Públicos: Es un requisito indispensable para ejercer la auditoría en cualquier tipo de entidad en el país.

2. Experiencia previa en auditorías para asociaciones solidaristas: Se recomienda que el auditor tenga experiencia en al menos 3 o 4 auditorías anteriores en este tipo de organizaciones, ya que las asociaciones solidaristas tienen características únicas que difieren de otras entidades comerciales.

3. Conocimientos en áreas clave: El auditor debe tener conocimientos sólidos en la revisión de balances, reglamentos de inversión, manejo de créditos y el pago de impuestos. Estos aspectos son fundamentales para garantizar que la asociación cumpla con sus responsabilidades financieras y fiscales.

4. Un aspecto importante que muchas veces se pasa por alto es la necesidad de que el auditor también evalúe la idoneidad del talento humano que trabaja dentro de la asociación. La falta de conocimiento y experiencia en temas específicos del solidarismo puede generar fallas operativas que afecten la estabilidad de la asociación. Por tanto, el auditor debe ser capaz de identificar no solo problemas contables, sino también debilidades en la gestión y operación de la asociación.

5. Referencias profesionales, personales, verificación con el colegio profesional y verificación con las asociaciones solidaristas previas

6. Que comprenda que no es solo una auditoría direccionada a las inversiones, sino que comprenda al menos los siguientes puntos:

    a. Que busque revisar que los balances estén de acuerdo a las formas, que todo pegue, que los registros estén en las cuentas correspondientes, que las inversiones estén según el reglamento de inversión, que el reglamento de inversión sea conveniente a la operación y a la salud

    b. que los créditos respondan a la aplicación del reglamento correspondiente,

    c. misma situación con los aportes

    d. que los impuestos sean pagados, inscritos en los libros contables,

    e. que la asociación tenga perfiles de repuesto que aseguren la continuidad de negocio

    f. que haya manual de procedimientos o algún homólogo funcional

    g. revisar los estados de cuenta de los bancos, que las conciliaciones estén pegadas, que los excedentes vayan según, proyecciones.

    h. Que los aportes patronales y obreros se encuentren acorde con los acuerdos entre la empresa y la asociación solidarista, el nivel de endeudamiento y relacionados.

Un error clásico es tener auditores que crean que el aporte patronal y obrero deben ser por montos idénticos, clara señal de inexperiencia: Si el aporte personal puede estar entre el dos y el cinco por ciento y el aporte personal puede estar entre el tres y el cinco por ciento, esto difícilmente sea equivalente. Y valga la aclaración de que el aporte patronal en ninguna parte de la ley dice cuál es el mínimo ni el máximo, pues lo confunden con el 5.33% del aporte por cesantía del fondo de capitalización laboral.

Una práctica común, es que cuando hablan de auditoría, solo es auditoría de números, la Auditoría financiera es lo más normal que hacen, y cuando suceden siniestros, pueden gastar el dinero en una auditoría forense, sin embargo, una gran mayoría de asociaciones solidaristas, donde ocurren siniestros, ni siquiera hacen esto, por optar por la economía de guerra y la austeridad. Lo cierto del caso es que a nivel financiero, con 5 filtros, es inaceptable que ocurran siniestros o fallas. En este punto, debemos entonces analizar ¿qué es lo que sale mal? Y lo que viene a ponerse sobre la mesa es el asunto de idoneidad del talento humano.

La idoneidad no solo es para la parte de la labor administrativa, sino también para todos los entes externos e internos involucrados, e inicia esa idoneidad a construirse con el verdadero conocimiento del solidarismo. La ignorancia acerca de esta temática es la principal fuente de fallas en los sistemas solidaristas. Las tradicionales auditorías financiero-contables no sirven para las asociaciones solidaristas.

Aprovechemos esta instancia para colocar una lista de chequeo mínima no solo de los que una asociación solidarista debe tener, sino también de documentación o sistemas que todo auditor financiero-contable y operativo en referencia a las buenas prácticas debería solicitar y revisar:

- libro de asociados
- libro de actas de JD
- libro de actas de Asamblea (Ordinarias y Extraordinarias)

- presentación de reserva legal
- presentación de reserva de liquidez
- EEFF
- reportes de auditorías (financiero-contable y operativas, internas y externas)
- declaraciones a Tributación
- Plan Estratégico
- sistema operativo
- manual de puestos
- estatutos
- reglamentos
    - afiliación
    - crédito
    - ahorro
    - inversiones
    - fondos varios
- manuales
    - de gobernanza
    - beneficios al asociado
- ficha de inversión
- encuesta de satisfacción
- comunicados oficiales
- Requisitos de SUGEF para la persona de enlace o persona de cumplimiento (en página de SUGEF)
- Cálculo de la TITA del MEIC (para homologación de contratos)
- cambio de JD ante el MT
- Requisito para sostener una Asamblea Virtual
- Perfil Idóneo de un administrador
- boleta para propuesta de miembros de JD para votación en Asamblea
- Hoja de Verificación de Capacitación

- boleta de afiliación de asociados
- Formato de Agenda del Día
- Formato de mensaje de convocatoria a Asamblea

2.3 Cumplimiento Fiscal: Declaración de Impuestos

Las asociaciones solidaristas tienen un papel crucial en la vida financiera y laboral de sus asociados. No obstante, deben cumplir con una serie de responsabilidades tributarias y contables, similares a las de cualquier entidad comercial. Estas obligaciones incluyen el manejo de impuestos y el control adecuado de los recursos, lo que plantea retos únicos para las asociaciones solidaristas debido a su naturaleza no lucrativa y su relación con los excedentes generados para sus miembros.

El cumplimiento fiscal es otra área fundamental para las asociaciones solidaristas. Estas organizaciones deben declarar y pagar los impuestos que les correspondan, de acuerdo con las leyes locales. Los tipos más comunes de impuestos que las asociaciones deben considerar son:

- Impuesto de ventas: Este impuesto aplica a aquellas asociaciones que realizan actividades comerciales que generan ingresos por ventas de productos o servicios.

- Impuesto de renta: Es necesario cuando las asociaciones obtienen ganancias de actividades económicas fuera de su ámbito original, como administrar una pulpería o tienda.

En casos donde la asociación genera ingresos por inversiones o créditos, dichos ingresos no están sujetos al impuesto sobre la renta.

Sin embargo, la transparencia en la declaración de todas las actividades económicas es esencial para evitar problemas con la autoridad tributaria.

Además, es obligatorio que las asociaciones inscriban sus actividades económicas en el sistema ATV de Tributación y cumplan con la declaración anual del Registro de Transparencia y Beneficiarios Finales (RTBF), un procedimiento que conlleva varios documentos y requisitos específicos.

2.3.1 Registro de Transparencia y Beneficiarios Finales (RTBF)

El Registro de Transparencia y Beneficiarios Finales (RTBF) es un componente crítico del cumplimiento fiscal. Se debe presentar anualmente en abril, aunque para el año 2024, se realizará en octubre. Este registro tiene como objetivo proporcionar información clara y precisa sobre los beneficiarios finales de la asociación, con el fin de garantizar la transparencia en la propiedad y el control de la entidad.

Para cumplir con el RTBF, las asociaciones deben tener al día la documentación siguiente:

- Personería jurídica de la asociación: Documento que acredite la existencia legal de la asociación.

- Datos actualizados del presidente de la Junta Directiva: Información necesaria para identificar a los representantes legales de la asociación.

- Otros documentos relevantes: Incluyen estados financieros, actas de la Junta Directiva y cualquier otro archivo que respalde la transparencia y legalidad de las operaciones.

Todo el proceso de inscripción y presentación de documentos para el RTBF puede realizarse a través de la plataforma Central Directo, lo que facilita la gestión digital de esta obligación.

Obligaciones Tributarias Básicas

Entre las obligaciones tributarias más importantes que las asociaciones solidaristas deben cumplir se encuentran el impuesto sobre las ventas y el impuesto sobre la renta. A pesar de que su principal objetivo no es lucrar, las actividades comerciales que realizan, como la renta de edificios, el alquiler de equipos o servicios de outsourcing, generan ingresos que están sujetos a estos tributos. Estas actividades deben estar inscritas en el sistema de Administración Tributaria Virtual (ATV) del Ministerio de Hacienda, donde se gestionan los pagos de los impuestos correspondientes.

Además, las asociaciones pueden estar sujetas a otros tributos, dependiendo de la naturaleza de sus actividades económicas. Entre ellos, el impuesto sobre renta de capital y las cargas sociales, las cuales deben ser gestionadas correctamente para evitar sanciones.

Uno de los mayores retos es el cumplimiento del plazo legal para la presentación del ejercicio fiscal, establecido en quince días por la Ley 6970. Sin embargo, en la práctica, muy pocas asociaciones pueden cumplir con este plazo debido a la complejidad de los trámites contables y fiscales. Las asociaciones solidaristas, por su estructura y falta de recursos, suelen enfrentar dificultades para cumplir con los estrictos plazos y requisitos del sistema fiscal del país.

Informes a los Asociados sobre Impuestos

Las asociaciones solidaristas tienen la responsabilidad de informar a sus asociados sobre los impuestos que deben pagar por los excedentes que reciben. Estos excedentes, que resultan de las actividades comerciales de la asociación, deben incluirse en las declaraciones individuales de los asociados. Sin embargo, muchos de ellos, que son asalariados de la empresa madre, no están familiarizados con los procesos tributarios y, en consecuencia, no incluyen los excedentes en sus declaraciones, lo que puede generar problemas de incumplimiento tributario. Esta falta de concientización sobre las obligaciones fiscales personales es un área que requiere mayor atención y educación dentro de las asociaciones.

Obligaciones adicionales relacionadas con el RTBF:

las asociaciones solidaristas pueden tener actividades económicas, también hay que inscribirlas en el sistema ATV de Tributación. y como uno está inscrito en el sistema ATV, también hay que hacer la declaración esa anual del registro de transparencia, para efectos del registro de transparencia tambien conocido como RTBF los pasos son los siguientes para las asociaciones solidaristas:

1. Conocer que debe presentarse en el 2024 en el mes de octubre, y consecuentemente todos los meses de abril de cada año o como se indique en la actualidad del caso en la normativa y procedimientos nacionales

2. Asegurarse de tener a mano y al día los siguientes documentos:
   a. Personería de la asociación solidarista (que se saca en el Ministerio de Trabajo anualmente junto con la inscripción de actas y bien puede ejecutarse de forma independiente o por medio de solicitud a un tercero)
      i. Conocida como la Certificación del Departamento de Organizaciones Sociales de la Dirección de Asuntos Laborales del Ministerio de Trabajo y Seguridad Social
   b. Conocimiento detallado y actualizado de las calidades del Presidente de la Junta Directiva de la Asociación Solidarista comunicado en un oficio a quien interese y firmado digitalmente
      i. Nombre completo
      ii. Estado civil
      iii. Dirección exacta
      iv. Ocupación
      v. Número de cédula
   c. Un oficio firmado digitalmente y extendido al BCCR donde se autoriza por parte del Presidente de la Asociación Solidarista al notario elegido para que realice la inscripción a Central Directo del padrón de la Asociación Solidarista en cuestión a fin de continuar con el RTBF
   d. Propósitos y objetivos de la asociación solidarista
   e. Datos identificativos de los miembros de la Junta Directiva, directores o cuerpo gerencial
   f. Detalle anual de ingresos y egresos, a saber cualquiera de las siguientes opciones
      i. Estado de Resultados

    ii. Balance de Comprobación

    iii. Auxiliar de ingresos y egresos en el cual se vean reflejados los montos totales anuales del periodo a declarar, segregados de manera mensual

3. Verificar que el Presidente de la Junta Directiva de la Asociación Solidarista cuente con Firma Digital
    a. De lo contrario
        i. Contratar a un notario para la elaboración de un Poder Especial a un tercero que tenga firma digital y pueda representar al Presidente en la presentación del RTBF y todos los oficios preliminares que ello implique

        ii. Consolidar una cita para obtención de Firma Digital en cualquiera de las instituciones autorizadas en el país (BCCR, BAC, Scotiabank, BCR, etc) y obtener la firma digital funcional.

4. Ingresar a Central Directo por

    https://www.centraldirecto.fi.cr/spa/Bccr.CentralDirecto.Sinpe.Inicio.SPA/#/

5. Elegir la sección superior izquierda para ingresar con firma digital

    https://oauth2.bccr.fi.cr/personafisica/Account/Login?ReturnUrl=%2Fpersonafisica%2Fconnect%2Fauthorize%2Fcallback%3Fresponse_type%3Dcode%2520id_token%26client_id%3D0148CF12-FFFF-40DE-8F14-11B77C1E5DD4%26scope%3Dopenid%2520centraldirecto%2

52Ooffline_access%26nonce%3DEKCJh8JAEdqB5fEm%26redir ect_uri%3Dhttps%253A%252F%252Fwww.centraldirecto.fi.cr %252Fsitio%252Foauth%252FCD%252Fautenticar%252Fcallb ack%252F%26suscriptor%3DANY%26state%3DV5IW4BnxrHFL dTj3X3y7Xb15TUOkTj3p%26code_challenge%3D4kf7tJsHl-mt3VLxB54ThfniRAOFw0hvjqP2K-KGBow%26code_challenge_method%3DS256%26version%3D 1.0

6. Ingresar con los datos de su firma digital (del Presidente de la Asociación Solidarista o en su defecto de quien ha sido autorizado para representarle oficialmente)

7. Debería aparecer en el sistema la representada Asociación Solidarista y en el menú superior la opción para presentar la declaración del RTBF, seguir los pasos que esta solicita

8. En caso de requerir estudiar información al respecto puede consultarla en el siguiente link

    https://www.centraldirecto.fi.cr/spa/Bccr.CentralDirecto.RBF. PaginasEstaticas.Spa/#/inicio

El cumplimiento de estas responsabilidades es indispensable para garantizar la legitimidad y la operación ética de las asociaciones solidaristas.

En la siguiente página se presenta un esquema completo en cuanto a este aspecto.

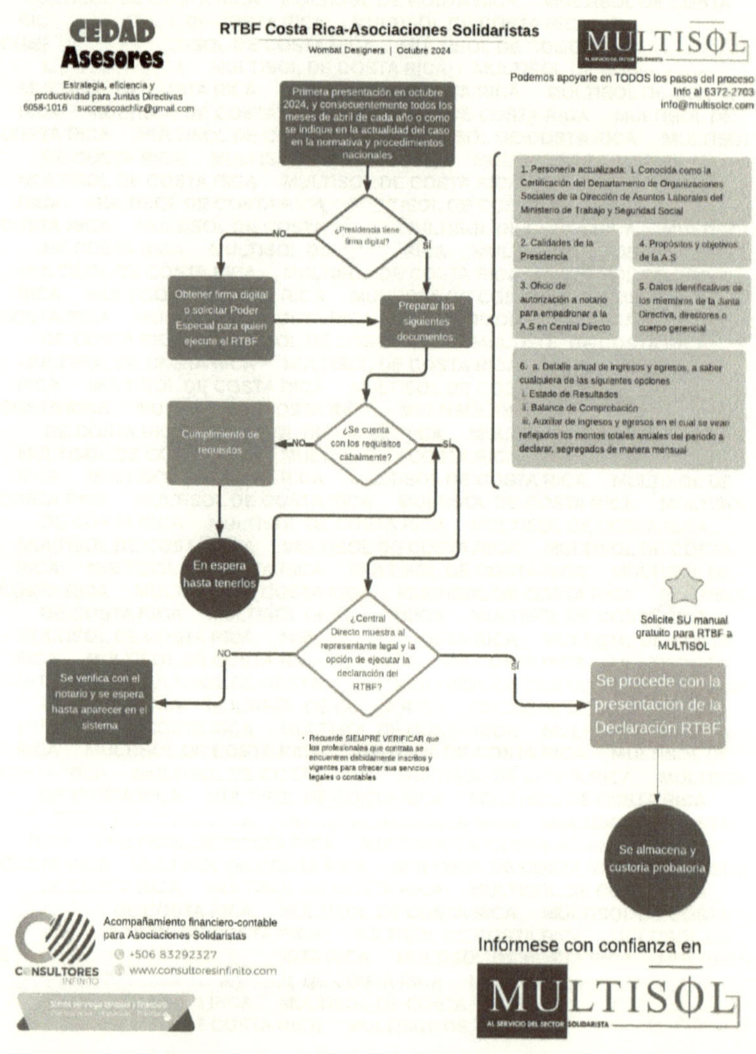

*SOLICITE EL MANUAL DE ORIENTACION PARA LA DECLARACIÓN DEL RTBF a MULTISOL TOTALMENTE GRATIS

Capítulo 3: Cumplimiento Legal

3.1 Obligaciones Legales

El cumplimiento legal es uno de los pilares más cruciales para la estabilidad y legitimidad de una asociación solidarista. Seguir las normativas y regulaciones vigentes no solo asegura el funcionamiento correcto de la organización, sino que también protege a sus asociados y sus recursos, evitando sanciones y posibles conflictos legales. Dentro de las obligaciones legales más relevantes para una asociación solidarista, se encuentran las siguientes:

- Reserva de liquidez:

  - **Definición:** La reserva de liquidez corresponde al 12% del total de los aportes personales y los ahorros voluntarios que tiene la asociación solidarista. Esta reserva se debe mantener en el Banco Central de Costa Rica y solo puede ser utilizada en casos de cierre de la asociación.

  - **Manejo:** Esta reserva debe gestionarse de manera diaria y puede manejarse a través de un documento en Excel que registre los aportes personales y los ahorros voluntarios, calculando así el porcentaje necesario para la reserva de liquidez.

  - **Actualización y Reporte:** Cada seis meses, esta información debe ser procesada por un contador público autorizado, quien genera un reporte para determinar si la reserva cumple con los requisitos establecidos. Este reporte es enviado a SUGEF

(Superintendencia General de Entidades Financieras) a través de un correo electrónico oficial- reservadeliquidez@sugef.fi.cr, junto con el ajuste del monto en caso de ser necesario.

- o Intereses: Los intereses generados por esta reserva pertenecen a la asociación, aunque el 12% del monto nunca es recuperado a menos que la asociación cierre.

- o Actualización de MIL: Los títulos de liquidez, conocidos como MIL, deben actualizarse cada 84 días, lo que solo aplica a las asociaciones que manejan su contabilidad en colones. Las asociaciones que manejan contabilidad en dólares deben buscar terceros que administren la inversión de su reserva de liquidez en dólares, contactando a bancos o puestos de bolsa para asegurar una adecuada gestión.

- o Tal como se menciona en la parte contable, la ley solidarista establece que las asociaciones deben mantener una reserva de liquidez que equivale al 12% de los aportes personales de los asociados. Este fondo actúa como un respaldo financiero para cubrir posibles eventualidades y garantizar la continuidad operativa de la organización. El cálculo y la actualización de esta reserva deben revisarse periódicamente, asegurando que se cumplan con las regulaciones vigentes y que el monto disponible siempre corresponda a la proporción indicada.

- **Reserva legal**:

- o Definición: La reserva legal se establece en la ley 6970 y debe ser aprobada por la asamblea de la asociación solidarista. No se menciona un porcentaje específico, lo que significa que la asamblea tiene libertad para decidir el monto adecuado.

- o Propósito: El objetivo de esta reserva es respaldar los aportes patronales hacia los asociados en caso de que ocurra algún problema con la asociación solidarista.

- o Inversión: Idealmente, la reserva legal debe estar respaldada por una inversión que asegure la protección de esos aportes. Sin embargo, se menciona que muchas asociaciones no llevan esta reserva de forma adecuada, lo que pone en riesgo su estabilidad.

- o La reserva legal es un fondo obligatorio que también debe cumplir con ciertos requisitos específicos. A diferencia de la reserva de liquidez, la proporción destinada a la reserva legal puede variar, dependiendo de las decisiones adoptadas por la asamblea general de asociados. Este porcentaje puede oscilar entre el 0.001% y el 1% de las utilidades netas anuales de la asociación. Es fundamental que esta reserva sea aprobada en asamblea y quede registrada en las actas correspondientes, demostrando la transparencia y el compromiso de la organización con la sostenibilidad y el cumplimiento normativo.

- <u>Libros de actas y asociados</u>: La tenencia y actualización de libros oficiales es una exigencia legal para todas las asociaciones solidaristas. Es obligatorio contar con un libro de actas tanto para la Junta Directiva como para la asamblea general, donde se documenten las decisiones, acuerdos y resoluciones importantes de estas reuniones. Además, es necesario tener un libro de registro de asociados, el cual debe incluir información detallada sobre cada miembro de la asociación, tales como sus aportaciones, datos personales y su situación dentro de la organización. Estos libros deben estar foliados y mantener un orden cronológico estricto, lo que garantiza la integridad y transparencia de la información almacenada.

- <u>Inscripción en el Ministerio de Trabajo y la SUGEF</u>: Para cumplir con las regulaciones legales y operativas, todas las asociaciones solidaristas deben estar debidamente inscritas en el Ministerio de Trabajo, entidad que supervisa y regula sus actividades. Además, aquellas asociaciones que gestionen fondos importantes o realicen actividades financieras adicionales deben inscribirse también en la Superintendencia General de Entidades Financieras (SUGEF). Este registro es fundamental para las asociaciones que buscan operar en el ámbito financiero, ya que las coloca bajo la supervisión y control de las autoridades correspondientes, promoviendo un manejo ético y transparente de los recursos económicos.

3.2 Contratos y Documentación

Además del cumplimiento de obligaciones legales generales, es crucial que las asociaciones solidaristas mantengan un control riguroso sobre sus contratos y la documentación relacionada con sus operaciones. La correcta homologación de contratos y el cálculo adecuado de la Tasa Interna de Transferencia de Aportaciones (TITA) son elementos esenciales para asegurar que la asociación funcione de acuerdo con las normativas y estándares vigentes.

- Homologación de contratos en el MEIC: Las asociaciones solidaristas deben homologar sus contratos en el Ministerio de Economía, Industria y Comercio (MEIC), lo cual implica que estos documentos deben cumplir con todas las disposiciones legales establecidas por las leyes nacionales. La homologación de contratos garantiza que las condiciones acordadas entre la asociación y sus asociados, así como con terceros, sean justas y se ajusten a los requisitos legales. Además, esta práctica previene posibles disputas o malentendidos que puedan surgir debido a cláusulas contractuales ambiguas o inadecuadas.

- Cálculo de la Tasa Interna de Transferencia de Aportaciones (TITA): La TITA es un indicador financiero que refleja el costo efectivo de los fondos transferidos dentro de una asociación solidarista. El cálculo preciso de esta tasa es fundamental para asegurar que todas las operaciones de transferencia de fondos se realicen de manera equitativa y conforme a la normativa establecida. Este proceso requiere una evaluación rigurosa de los flujos de caja, las tasas de interés aplicables y otros factores económicos que influyen en la sostenibilidad financiera de la organización.

El cumplimiento de estas normativas no solo es una obligación legal sino también una práctica esencial para la credibilidad y el buen funcionamiento de la asociación. Mantener contratos actualizados y calcular la TITA con precisión ayuda a la asociación a operar de manera más eficiente y transparente, reduciendo riesgos legales y promoviendo la confianza entre sus asociados.

3.3 Inscripción y Registro de Actividades

El proceso de inscripción y registro es otra área crucial dentro del cumplimiento legal para las asociaciones solidaristas. Solo por conocimiento general, debe recordarse que las asociaciones solidaristas tienen cédula jurídica # 3-002-etc. Cada año deben inscribirse las actas en el Ministerio de Trabajo, y solicitarse la respectiva emisión de Personería Jurídica con los cambios en la Junta Directiva, y aunque fuera esta la misma, toda personería es fechada, y debe actualizarse anualmente como mínimo. Además de estar registradas ante las autoridades competentes, estas organizaciones deben llevar un seguimiento riguroso de todas sus actividades económicas y financieras, asegurando que cada operación esté alineada con las normativas vigentes y se refleje de manera adecuada en los documentos oficiales.

- <u>Inscripción en el sistema Central Directo</u>: la inscripción en la plataforma Central Directo es una obligación. Este sistema facilita el seguimiento y la verificación de todas las actividades financieras, proporcionando un entorno seguro y regulado para la gestión de recursos.

- <u>Declaraciones anuales y reportes financieros</u>: Las asociaciones deben cumplir con la presentación de declaraciones anuales que incluyen reportes financieros detallados. Estos documentos son fundamentales para demostrar la situación económica de la organización y deben ser sometidos a auditorías periódicas para validar su precisión y transparencia.

El incumplimiento de cualquiera de estas responsabilidades legales puede acarrear sanciones severas para la asociación, desde multas económicas hasta la suspensión de sus actividades. Por lo tanto, es vital que las organizaciones solidaristas se mantengan actualizadas respecto a todas las normativas legales y fiscales que puedan impactar su operación.

Capítulo 4: Gestión Operativa en la Asociación Solidarista

4.1 Plan Estratégico

La planificación estratégica en las asociaciones solidaristas es vital para asegurar una gestión eficaz, proactiva y alineada con las necesidades de sus asociados. Esto requiere un enfoque metódico que combine una clara definición de metas, un análisis profundo del entorno, el uso de herramientas de medición y seguimiento, y la participación de personas capacitadas en áreas clave. De esta manera, se puede garantizar el crecimiento sostenible de la asociación, al mismo tiempo que se fortalece el bienestar de los asociados.

Planificación Estratégica en las Asociaciones Solidaristas

La planificación estratégica es fundamental para la gestión eficaz de las asociaciones solidaristas, cuyo objetivo es promover el bienestar y la solidaridad entre sus asociados. Para evitar una gestión reactiva y costosa, es necesario contar con un plan estratégico robusto que sirva como guía para la toma de decisiones. Este plan debe establecer de manera clara y precisa tanto el perfil de los asociados como las metas alcanzables de la organización, tomando en cuenta las particularidades del entorno en el que se encuentra la asociación.

Un plan estratégico bien diseñado ayuda a anticipar problemas, gestionar recursos de manera eficiente y promover una cultura de mejora continua dentro de la organización. En este sentido, no se trata solo de un documento administrativo, sino de una herramienta viva que, cuando se implementa correctamente, permite alcanzar los objetivos de manera organizada, minimizando los riesgos y optimizando los resultados.

Elementos Clave del Plan Estratégico

El éxito de la planificación estratégica depende de varios factores. Uno de los más importantes es la claridad en la definición del perfil de los asociados, ya que conocer sus características y necesidades permite diseñar políticas y servicios que realmente contribuyan a su bienestar. Además, es esencial establecer metas claras y alcanzables que se alineen con la misión y visión de la asociación.

Otro aspecto crucial es comprender el entorno de la asociación, que incluye tanto factores internos como externos. Esto implica analizar las tendencias económicas, legales y sociales que puedan afectar a la asociación, así como las fortalezas y debilidades internas. De este modo, se pueden anticipar cambios y adaptar la gestión a las circunstancias, manteniendo siempre el foco en el bienestar de los asociados.

Metodologías de Medición y Seguimiento

Un plan estratégico no puede ser estático; debe estar respaldado por metodologías de medición y seguimiento que permitan evaluar constantemente el progreso hacia las metas establecidas. Esto incluye la implementación de indicadores clave de desempeño (KPIs) y otros mecanismos de control que faciliten el monitoreo continuo de la gestión.

El uso de herramientas tecnológicas, como sistemas de gestión financiera y contable, también es clave para obtener información precisa y en tiempo real. Esto permite a los directivos tomar decisiones informadas y ajustar la estrategia cuando sea necesario.

Idoneidad de la Junta Directiva y el Personal Administrativo

El plan estratégico solo será efectivo si quienes lo implementan cuentan con las competencias adecuadas. Tanto la Junta Directiva como el personal administrativo deben ser idóneos y estar alineados con los objetivos de la asociación. Esto significa que deben contar con la formación y las habilidades necesarias para gestionar áreas clave como las finanzas, los recursos humanos, la contabilidad y la comunicación.

Perfil del Administrador Idóneo

El administrador de una asociación solidarista tiene un rol fundamental en la implementación del plan estratégico. Para llevar a cabo esta tarea con éxito, debe poseer un conjunto de habilidades multidisciplinarias, tales como:

1. <u>Finanzas:</u> Manejo eficiente de los recursos económicos, presupuestos, y control financiero.

2. <u>Administración:</u> Planificación, organización y control de los procesos internos de la asociación.

3. <u>Recursos humanos:</u> Gestión del talento humano, fomento del desarrollo personal y profesional de los empleados y asociados.

4. <u>Contabilidad y solidarismo</u> Interpretación de los estados financieros y aseguramiento de que las decisiones financieras estén alineadas con los principios del solidarismo.

5. <u>Comunicación corporativa</u>: Habilidad para transmitir información clara y precisa tanto a los asociados como a otros actores clave.

Perfil Idóneo del Administrador de una Asociación Solidarista

El administrador de una asociación solidarista debe ser un líder capaz de gestionar eficientemente los recursos, fomentar el crecimiento de la asociación y garantizar el cumplimiento de los principios del solidarismo. Para ello, es esencial que posea una serie de habilidades técnicas, conocimientos específicos y competencias interpersonales, además de una formación académica adecuada. A continuación, se detallan las características necesarias para un administrador idóneo:

Conocimientos y Habilidades Técnicas

1. **Finanzas:**

    o   Manejo eficiente de los recursos económicos, presupuestos y control financiero.

    o   Conocimiento de banca y finanzas de inversión.

    o   Capacidad para gestionar inversiones y establecer relaciones estratégicas con entidades bancarias nacionales.

2. **Administración:**

    o   Planificación, organización y control de los procesos internos de la asociación.

- o Experiencia en la implementación y seguimiento de sistemas de planificación estratégica.

3. **Recursos Humanos:**

- o Gestión del talento humano, incluyendo selección, capacitación y desarrollo del personal.

- o Habilidad para dirigir un equipo de alto rendimiento.

- o Fomento del desarrollo personal y profesional de los empleados y asociados.

4. **Contabilidad y Solidarismo:**

- o Interpretación de los estados financieros y aseguramiento de que las decisiones financieras estén alineadas con los principios del solidarismo.

- o Comprensión y aplicación de los valores solidarios en la gestión diaria.

5. **Sistemas de Información:**

- o Conocimientos avanzados de sistemas operativos utilizados en la operación, como **CODEAS**, **SIBU** o similares.

- o Capacidad para implementar nuevas soluciones tecnológicas y adaptarlas a las necesidades de la asociación.

6. **Comunicación Corporativa y Política:**

   o Habilidad para transmitir información clara y precisa tanto a los asociados como a otros actores clave.

   o Dominio de las técnicas de comunicación corporativa y política para fortalecer las relaciones internas y externas.

7. **Organización de Eventos y Ferias:**

   o Experiencia en la planificación y ejecución de eventos, como ferias y actividades de integración.

   o Capacidad para coordinar actividades que promuevan el bienestar de los asociados.

Formación Académica

- **Licenciatura** en administración de empresas, finanzas, recursos humanos o carreras afines. Un grado superior, como una **maestría**, será altamente valorado.

- Certificaciones en gestión financiera, planificación estratégica o comunicación corporativa pueden ser un plus para su desempeño.

Competencias Interpersonales

1. **Liderazgo y Trabajo en Equipo:**

    o   Capacidad para dirigir equipos multidisciplinarios y fomentar un ambiente de alto rendimiento.

    o   Habilidad para motivar y orientar al equipo hacia la consecución de los objetivos de la asociación.

2. **Pensamiento Estratégico:**

    o   Visión a largo plazo, capaz de desarrollar estrategias efectivas que alineen las actividades diarias con los objetivos de la asociación.

3. **Toma de Decisiones:**

    o   Habilidad para tomar decisiones fundamentadas en análisis financiero y operativo.

    o   Capacidad para evaluar riesgos y proponer soluciones innovadoras que impulsen el crecimiento de la organización.

4. **Negociación y Relaciones Públicas:**

    o   Habilidad para negociar con proveedores, entidades bancarias y otros actores clave.

    o   Capacidad para representar a la asociación en distintos foros y gestionar relaciones externas.

Cuadro Resumido de Habilidades y Competencias:

Área	Competencia/Conocimiento
Finanzas	Manejo de presupuestos, control financiero, banca de inversión
Administración	Planificación estratégica, organización y control de procesos
Recursos Humanos	Gestión de talento, liderazgo, desarrollo de equipos de alto rendimiento
Contabilidad y Solidarismo	Interpretación de estados financieros, alineación con el solidarismo
Sistemas de Información	CODEAS, SIBU, implementación de soluciones tecnológicas
Comunicación Corporativa	Transmisión clara de información, habilidades de comunicación política
Organización de Eventos	Planificación de ferias y eventos, coordinación de actividades
Liderazgo	Dirección de equipos, motivación, visión estratégica
Negociación	Gestión de relaciones, negociación con actores clave

Con este perfil, se garantiza que el administrador de una asociación solidarista estará capacitado para enfrentar los desafíos actuales y futuros, liderando con responsabilidad y compromiso hacia los asociados y los principios del solidarismo.

La gestión operativa es el corazón de una asociación solidarista y, a menudo, una de las áreas más frecuentemente desatendidas. Para garantizar la eficiencia y el cumplimiento de los objetivos organizacionales, es indispensable contar con un plan estratégico sólido que actúe como el pilar fundamental de todas las operaciones de la asociación. Este plan debe incluir no solo las metas y estrategias de la organización, sino también herramientas visuales como un organigrama y un flujograma, que permitan delinear claramente las funciones y responsabilidades dentro de la estructura de la asociación.

Un organigrama adecuado es crucial para proporcionar una representación clara de la jerarquía y la relación entre los diferentes roles dentro de la asociación. Este debe ilustrar cómo se distribuyen las responsabilidades y cómo fluye la comunicación entre los distintos niveles de la organización. Del mismo modo, un flujograma ayuda a identificar las etapas clave de los procesos operativos y a optimizar el flujo de trabajo, facilitando la toma de decisiones y la coordinación entre los equipos.

Organigrama Ideal para una Asociación de 200 Afiliados

Un organigrama ideal para una asociación con 200 afiliados podría ser el siguiente presentado en esta ilustración OE – organigrama estructural:

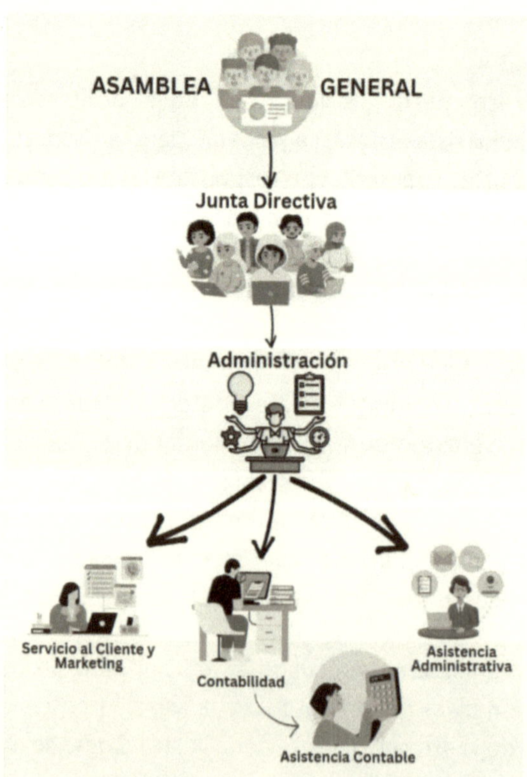

Este equipo debe estar alineado con las necesidades estratégicas y operativas de la asociación, garantizando una gestión eficiente y el cumplimiento de las buenas prácticas del solidarismo.

La idoneidad del personal es un factor clave. Con frecuencia, se asignan responsabilidades a personas sin los conocimientos solidaristas adecuados, lo que puede llevar a ineficiencias. Es importante capacitar constantemente a los responsables de la gestión para que estén al día con las normativas y las mejores prácticas del sector. La idoneidad del personal es factor fundamental en la gestión operativa. Es común que se asignen responsabilidades críticas a personas que carecen de los conocimientos específicos sobre el funcionamiento solidarista, lo que puede resultar en una serie de ineficiencias y errores operativos. Para mitigar estos problemas, es esencial implementar programas de capacitación constante para todos los responsables de la gestión, asegurándose de que estén actualizados con las normativas vigentes y las mejores prácticas del sector solidarista.

La capacitación continua no solo mejora las habilidades técnicas y de gestión del personal, sino que también fortalece su comprensión del marco regulatorio en el que operan las asociaciones solidaristas. Mantener a todos los colaboradores alineados con los objetivos y estrategias de la asociación es una tarea vital para garantizar la eficiencia operativa y el cumplimiento de las metas a largo plazo.

Al igual que en cualquier empresa, la inducción al puesto laboral debe ejecutarse para la totalidad de los puestos de la administración de una asociación solidarista, y por extensión también a la Junta Directiva, no solo como refrescamiento anual para miembros con antigüedad, sino como inducción para nuevos miembros. El conocimiento da el poder de tomar acción consecuente con el solidarismo.

De oficio, al menos, debería existir un experto en solidarismo en los ecosistemas asociación solidarista-empresa: el Administrador de la asociación solidarista. El personal que tiene a cargo tiene que ir bajo la línea en la que se administra. Y por supuesto, no solo contar con un Manual de Puestos Laborales, que incluya los procedimientos vitales, las buenas prácticas y también una herramienta de evaluación del desempeño que también sirva de verificación de cumplimiento, a la cual podrá llamarse un "checklist".

En definitiva, el complemento perfecto para una Gobernanza efectiva y para el Cumplimiento de todos los DEBES de una asociación solidarista, se logran alinear con un Estado de la Cuestión Anual, o un Doing Business al estilo de los grandes bufetes legales, que presente la ideología general del flujo de negocio de la asociación solidarista. Esto permite el análisis conceptual de la operación y la determinación de las oportunidades de mejora que aseguran su continuidad. Además de que elimina el **segundo peor mal de las asociaciones solidaristas: la administración por ocurrencia y reactiva.**

Comprueba su éxito si en sí mismo genera criterios para la toma de decisiones que puedan definir si los productos, servicios o negocios que se presentan al asociado verdaderamente contribuyen a la mejora de su calidad de vida, ante todo, y seguido por la generación de excedentes.

4.2 Tecnología y Recursos Operativos

Las asociaciones solidaristas requieren sistemas operativos eficientes para poder manejar la información y los recursos de manera óptima. En la era moderna, las asociaciones solidaristas no pueden depender exclusivamente de métodos tradicionales y manuales para gestionar sus recursos y operaciones. La tecnología desempeña un papel crucial al proporcionar las herramientas necesarias para manejar grandes volúmenes de información y optimizar la utilización de recursos. El uso de sistemas operativos eficientes es esencial para la mejora de procesos, ya que permite una gestión más organizada y efectiva de todos los datos y recursos de la asociación.

En lugar de depender de simples hojas de cálculo, las asociaciones deben adoptar plataformas tecnológicas más avanzadas que les ofrezcan una visión integral de sus operaciones y les permitan gestionar mejor sus recursos. Estos sistemas pueden incluir software de gestión de asociaciones, plataformas para el manejo de bases de datos, y herramientas de contabilidad y auditoría que garanticen la precisión y eficiencia en el manejo de la información financiera y operativa.

Además, es común que el personal de muchas asociaciones trabaje en espacios reducidos y con recursos insuficientes, lo que afecta negativamente la calidad y productividad de su labor. La dignificación del puesto laboral implica garantizar que todos los colaboradores tengan acceso a un ambiente de trabajo adecuado y a las herramientas necesarias para realizar sus funciones de manera eficiente y profesional. Un entorno de trabajo óptimo es esencial no solo para mejorar la productividad, sino también para fomentar la satisfacción y el compromiso del personal con la asociación.

Invertir en tecnología y en el bienestar del personal no solo contribuye a una mayor eficiencia operativa, sino que también promueve una cultura organizacional positiva, donde los empleados se sienten valorados y motivados para dar lo mejor de sí mismos en el cumplimiento de los objetivos de la asociación.

4.3 Capacitación y Clima Organizacional

La capacitación constante es un aspecto clave para el éxito a largo plazo de las asociaciones solidaristas. Este proceso de formación debe involucrar a todos los niveles de la organización, desde la Junta Directiva hasta los asociados y el personal administrativo. La formación continua es fundamental para que todos los miembros de la asociación estén siempre al día con las normativas, técnicas y estrategias que rigen el sector solidarista, lo cual es vital para la toma de decisiones informadas y estratégicas.

Es crucial que esta capacitación se realice de forma regular, especialmente después de cada asamblea, para asegurar que todos los miembros de la asociación estén alineados con las decisiones, los objetivos y las normativas recientemente discutidos y aprobados. Este enfoque unificado en la formación permite que todos los actores clave compartan una visión común y trabajen en conjunto hacia las metas de la organización, lo que aumenta la cohesión y la efectividad en la gestión de la asociación.

El clima organizacional y la cultura dentro de la asociación son elementos igualmente importantes que no deben pasarse por alto. Un entorno laboral positivo es un gran impulsor de la motivación, el rendimiento y el compromiso del personal con los objetivos de la asociación. Fomentar una cultura organizacional basada en el respeto, la cooperación y el reconocimiento de las contribuciones de cada miembro es esencial para crear un ambiente de trabajo donde todos se sientan valorados y motivados a dar lo mejor de sí mismos.

La gestión del clima organizacional no solo tiene un impacto directo en la satisfacción y la productividad de los empleados, sino que también influye en la retención de talento y en la reputación de la asociación. Cuando los colaboradores perciben que trabajan en un entorno que les proporciona las condiciones necesarias para crecer y desarrollarse profesionalmente, es más probable que se comprometan con la misión y visión de la organización, lo que resulta en una mayor eficiencia operativa y en un desempeño superior.

Capítulo 5: Administración Solidarista: Desafíos y Mejora Continua

5.1 Cultura de Austeridad vs. Eficiencia

Uno de los retos más comunes en las asociaciones solidaristas es la tendencia a adoptar una cultura de austeridad extrema con el fin de maximizar los excedentes. Sin embargo, esta mentalidad puede ser contraproducente cuando se sacrifica la eficiencia operativa. No invertir en herramientas, espacios adecuados o en la contratación de personal capacitado puede afectar negativamente la calidad del servicio que la asociación ofrece a sus asociados.

Es importante mantener un equilibrio entre la eficiencia operativa y la optimización de recursos. Si bien es fundamental maximizar los excedentes, también lo es asegurar que la operación de la asociación cuente con los recursos necesarios para ofrecer un buen servicio. Esta idea conecta directamente con los aspectos mencionados en la gestión solidarista de gobernanza y cumplimiento, donde la falta de inversión en herramientas, plataformas tecnológicas y espacios de trabajo puede generar un entorno laboral insatisfactorio y poco eficiente. El hecho de que muchas asociaciones solidaristas se vean forzadas a operar en espacios limitados y con pocos recursos humanos afecta directamente su capacidad de gestión y servicio al asociado.

Por ejemplo, la estructura organizacional del talento humano con el que cuenta la asociación solidarista debe coincidir en volumen, habilidades y conocimientos con la capacidad financiera y operativa de la misma. A menudo, las asociaciones optan por estrategias de "polifuncionalidad" que, lejos de ser útiles, resultan ser impedimentos para un servicio eficiente al asociado. La falta de herramientas como un buen sistema operativo o la reducción en gastos básicos (como la compra de uniformes, plataformas o capacitación) bajo una política de austeridad mal entendida puede detener el crecimiento y la mejora continua de la asociación.

5.2 Innovación en los Modelos de Negocio

La innovación es un aspecto crucial para las asociaciones solidaristas, ya que muchas veces se limitan a replicar los mismos modelos de negocio, como la organización de ferias. Si bien estas actividades son valiosas, es necesario pensar en nuevas formas de generar ingresos y mejorar los servicios, adaptando los modelos de negocio a la realidad y el contexto de cada asociación.

Este mismo principio se puede observar en la necesidad de mantener una gestión administrativa y operativa sólida en las asociaciones solidaristas. Es vital que las asociaciones no se limiten a los modelos que ya han funcionado en otros contextos, sino que adapten sus estrategias a sus propios recursos y capacidades. Una innovación adecuada implica no solo la creación de nuevos giros de negocio, sino también la optimización de los recursos tecnológicos y humanos de la asociación.

Por ejemplo, muchas asociaciones optan por operar de manera manual con herramientas como Excel, cuando un sistema operativo más avanzado podría facilitar la gestión contable y administrativa. Además, las asociaciones más pequeñas no siempre pueden replicar los modelos de negocio de las grandes, ya que el éxito de una actividad económica no siempre es escalable o replicable de forma proporcional.

Este enfoque de innovación debe ir acompañado de una estructura organizativa clara. Puede tomarse como sugerido el organigrama presentado en el diagrama "EO" en este documento.

Para enfrentar los retos que la cultura de austeridad ha generado en las asociaciones solidaristas, es crucial revisar no solo los efectos directos de esta política, sino también las estructuras y áreas clave que sustentan el buen funcionamiento de estas organizaciones. Así, además de promover un uso más eficiente de los recursos, resulta necesario garantizar que cada área operativa, contable, legal y administrativa esté en pleno cumplimiento y alineada con las mejores prácticas de gestión. En este sentido, la **gestión solidarista de gobernanza y cumplimiento** juega un rol esencial, pues asegura la viabilidad operativa a largo plazo. A continuación, se detallan las ya antes mencionadas áreas fundamentales que deben fortalecerse dentro de este marco:

Una gestión sólida en las asociaciones solidaristas requiere cumplir con varios aspectos claves que se dividen en cuatro áreas: contable, administrativa, legal y operativa.

1. Área Contable

En el área contable, las asociaciones deben mantener libros contables actualizados, presentar la reserva de liquidez cada seis meses, y realizar las declaraciones de impuestos correspondientes, ya que no todas las asociaciones solidaristas tienen las mismas obligaciones tributarias. Algunas deben declarar impuestos de capital inmobiliario, otras solo de ventas y renta al final del año. También es fundamental la presentación de estados financieros y auditorías contables.

2. Área Legal

En la parte legal, las asociaciones deben cumplir con la reserva de liquidez (12% del aporte personal y los ahorros voluntarios), así como con la reserva legal, que es aprobada en asamblea. Además, deben estar inscritas en el Ministerio de Trabajo, y, en algunos casos, cumplir con la inscripción en la SUGEF (para asociaciones que manejan créditos o servicios financieros) y la homologación de contratos ante el MEIC.

Los libros de actas de asociados, actas de junta directiva y de asamblea también son indispensables. Aunque pocas asociaciones cumplen con todos estos requisitos, son fundamentales para una correcta gobernanza.

3. Área Operativa

La parte operativa es una de las más descuidadas en las asociaciones solidaristas. El aspecto operativo incluye la necesidad de contar con personal capacitado y sistemas operativos eficientes. Sin embargo, muchas asociaciones manejan sus operaciones en plataformas básicas como Excel, lo que limita su capacidad de crecimiento y mejora. Es vital contar con un plan estratégico, un organigrama, y una adecuada gestión del personal para asegurar el buen funcionamiento de la asociación.

La capacitación constante de la junta directiva, los asociados y el personal administrativo es clave, ya que el solidarismo cambia con el tiempo. Una adecuada capacitación después de cada asamblea ayuda a mantener actualizadas las competencias y el conocimiento necesario para la correcta gestión.

4. Área Administrativa

En el área administrativa, la gestión eficaz incluye un plan estratégico, la idoneidad del personal que maneja la asociación, un sistema operativo avanzado, y la creación de un clima y cultura organizacional adecuados. Las asociaciones solidaristas deben contar con una estructura organizacional clara que les permita definir roles y responsabilidades dentro de la organización, ajustando su tamaño y capacidades a sus recursos financieros.

La falta de inversión en herramientas, como sistemas operativos adecuados o infraestructura, impide a las asociaciones brindar un servicio de calidad a sus asociados. Además, el enfoque en la austeridad extrema, mencionado en la sección 5.1, contribuye a la degradación de las condiciones laborales y operativas, afectando tanto la moral del personal como la satisfacción de los asociados.

LECCIONES APRENDIDAS

La gestión solidarista de gobernanza y cumplimiento es un proceso complejo que abarca múltiples áreas clave, cada una de las cuales es esencial para la estabilidad y el éxito a largo plazo de la organización. Al adoptar un enfoque integral y estructurado, las asociaciones solidaristas pueden no solo cumplir con sus obligaciones legales y financieras, sino también establecer un modelo operativo sólido y adaptativo que les permita maximizar su impacto en la comunidad. La clave está en la profesionalización de la gestión, el uso adecuado de recursos y una cultura organizacional que fomente la transparencia, la responsabilidad y la innovación continua.

La gestión operativa en una asociación solidarista es una tarea compleja que requiere una planificación estratégica sólida, el uso adecuado de la tecnología, la capacitación continua del personal y un clima organizacional positivo. Al fortalecer estos pilares, las asociaciones pueden mejorar su eficiencia operativa, alcanzar sus objetivos con mayor eficacia y asegurar su sostenibilidad a largo plazo, manteniéndose siempre alineadas con los principios del solidarismo y las expectativas de sus asociados.

En resumen, la gestión solidarista eficiente implica cumplir con cuatro áreas fundamentales: operativa, legal, contable y administrativa. Para ello, es necesario contar con libros contables y actas al día, cumplir con la presentación de la reserva de liquidez y los impuestos correspondientes, y mantener un plan estratégico que permita la mejora continua. Las asociaciones deben estar inscritas en las entidades gubernamentales pertinentes y tener sistemas tecnológicos adecuados para gestionar su operación.

Además, es esencial que los directivos y personal de la asociación estén bien capacitados y que se promueva una cultura organizacional positiva, donde la austeridad no limite la eficiencia.

Innovar y adaptar los modelos de negocio a las capacidades de la asociación es clave para su sostenibilidad a largo plazo.

Las obligaciones contables de una asociación solidarista incluyen: libros contables, presentación de impuestos y auditoría. A pesar de la importancia de estos aspectos, muchas asociaciones solidaristas carecen de libros contables, lo que genera problemas a nivel administrativo y de cumplimiento.

Tanto en los aspectos de Cultura de Austeridad vs. Eficiencia como en la Innovación en los Modelos de Negocio, las asociaciones solidaristas enfrentan desafíos significativos que requieren un equilibrio entre maximizar los excedentes y asegurar una operación eficiente. Cumplir con los aspectos contables, legales, administrativos y operativos es esencial para garantizar una gobernanza efectiva y sostenida a lo largo del tiempo.

El hecho de que muchas asociaciones no cuenten con las herramientas y recursos adecuados, ya sea por políticas de austeridad mal entendidas o por falta de innovación, afecta negativamente su capacidad para crecer y brindar un mejor servicio a sus asociados. Por ello, es crucial que las asociaciones solidaristas adopten un enfoque de mejora continua, invirtiendo en capacitación, tecnología y estructuras operativas que les permitan enfrentar los retos del futuro.

El cumplimiento tributario y la auditoría son aspectos críticos en la gestión de las asociaciones solidaristas. Aunque estas organizaciones no tienen fines de lucro, su naturaleza híbrida, que combina actividades económicas con beneficios sociales, las coloca en una posición compleja en términos de obligaciones fiscales y contables. La implementación de auditorías preventivas, el cumplimiento adecuado de las responsabilidades tributarias y la educación a los asociados sobre sus obligaciones fiscales son fundamentales para garantizar la estabilidad y sostenibilidad de las asociaciones solidaristas.

Ignorancia Involuntaria: El Mayor Enemigo del Solidarismo

En las asociaciones solidaristas, el principal obstáculo es la ignorancia involuntaria, resultado del desconocimiento generado por la falta de educación en solidarismo. Existen áreas vitales dentro del solidarismo que, a pesar de su importancia, son comúnmente ignoradas:

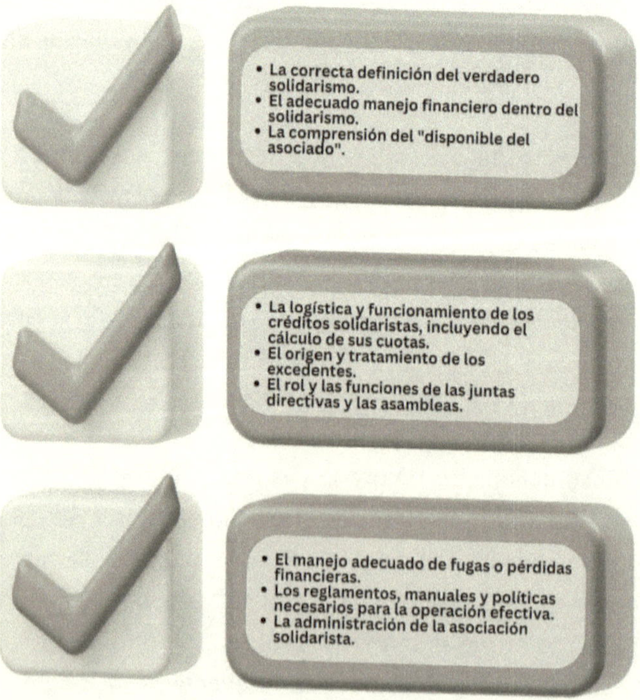

Es esencial mantener un diálogo continuo con las altas gerencias de las empresas para explicarles el funcionamiento de la asociación, ya que el desconocimiento es un gran obstáculo para la continuidad y el crecimiento del solidarismo. Un solidarismo bien comprendido y aplicado es capaz de apoyar tanto a los asociados como a la promoción de la armonía organizacional.

La "Jornada de Alineación Solidarista", conocida como la inducción solidarista, es una herramienta clave para generar alianzas empresariales. Esta inducción es fundamental para la creación de equipos de alto rendimiento que equilibran los intereses de la asociación con los de la empresa matriz.

De la misma manera que en cualquier empresa se realiza una inducción para cada puesto laboral, es necesario aplicar este proceso a todos los roles administrativos dentro de una asociación solidarista, incluyendo la Junta Directiva. Esta inducción no solo debe ser un ejercicio anual para miembros veteranos, sino también una capacitación inicial para nuevos integrantes. El conocimiento capacita a los individuos para actuar de manera coherente con los principios del solidarismo.

Es imperativo que exista, como mínimo, un experto en solidarismo dentro del ecosistema asociación-empresa: el Administrador de la Asociación Solidarista. Este profesional debe garantizar que su equipo siga una línea de administración clara y efectiva. Además, se debe contar con un **Manual de Puestos Laborales**, que incluya procedimientos críticos, mejores prácticas, y una herramienta de evaluación del desempeño, como un "checklist" para verificar el cumplimiento de responsabilidades.

El complemento perfecto para una gobernanza efectiva y el cumplimiento de las obligaciones de una asociación solidarista es el desarrollo de un **Estado de la Cuestión Anual** o un enfoque estilo "Doing Business" similar al de grandes bufetes legales. Esto proporciona una visión clara del flujo operativo de la asociación y permite la identificación de oportunidades de mejora, asegurando su continuidad. También elimina el segundo gran problema de las asociaciones solidaristas: la administración reactiva y por ocurrencia.

El verdadero éxito de una asociación solidarista se mide por su capacidad de generar criterios para la toma de decisiones informadas. Esto incluye evaluar si los productos, servicios o proyectos propuestos benefician directamente la calidad de vida de los asociados, y si contribuyen a la generación de excedentes de manera sostenible.

La ignorancia involuntaria es un enemigo silencioso pero poderoso dentro del solidarismo. Si bien no se trata de un desafío insuperable, es crucial que las asociaciones solidaristas reconozcan la importancia de la educación y la capacitación continua para sus miembros y líderes. Solo a través de un conocimiento sólido y una comprensión profunda de los principios y prácticas del solidarismo, las asociaciones podrán maximizar su impacto positivo y asegurar su sostenibilidad a largo plazo.

Es fundamental invertir en programas educativos que aborden las áreas críticas mencionadas, desde la definición básica del solidarismo hasta el manejo financiero, el tratamiento de los excedentes y la logística de las juntas directivas. Al hacerlo, las asociaciones podrán superar la ignorancia involuntaria y convertirse en verdaderos motores de cambio social y económico para sus miembros y comunidades.

El éxito de una asociación solidarista radica en la implementación de herramientas clave de gobernanza y cumplimiento que permitan una gestión organizada, eficiente y orientada al bienestar de los asociados. Un plan estratégico actualizado, un manual de puestos y funciones claro, un checklist de cumplimiento riguroso, un sistema operativo adecuado y una comunicación efectiva son los pilares sobre los que se construye una asociación sólida y sostenible a largo plazo. La correcta aplicación de estas herramientas asegura no solo el cumplimiento de las normativas vigentes, sino también la alineación de la gestión con los objetivos solidarios que rigen a este tipo de organizaciones.

Es imposible afirmar que una asociación solidarista va por el camino adecuado si se desconoce el camino, si no se tiene trazado y si no se mide el avance, por ello, el plan estratégico es una necesidad imperante, el ABC de la Junta Directiva ofrece herramientas para una siembra en terreno fértil, el cual se prepara con campañas educativas a los asociados, y finalmente todo se unifica con el alineamiento de las partes interesadas.

Estrategias de apoyo en la parte de comunicación son vitales para fortalecer todo lo anterior, pues se encargan de aportar disponibilidad de servicios, proveedores y metodologías. Las agrupaciones se encuentran bien encaminadas cuando ofrecen:

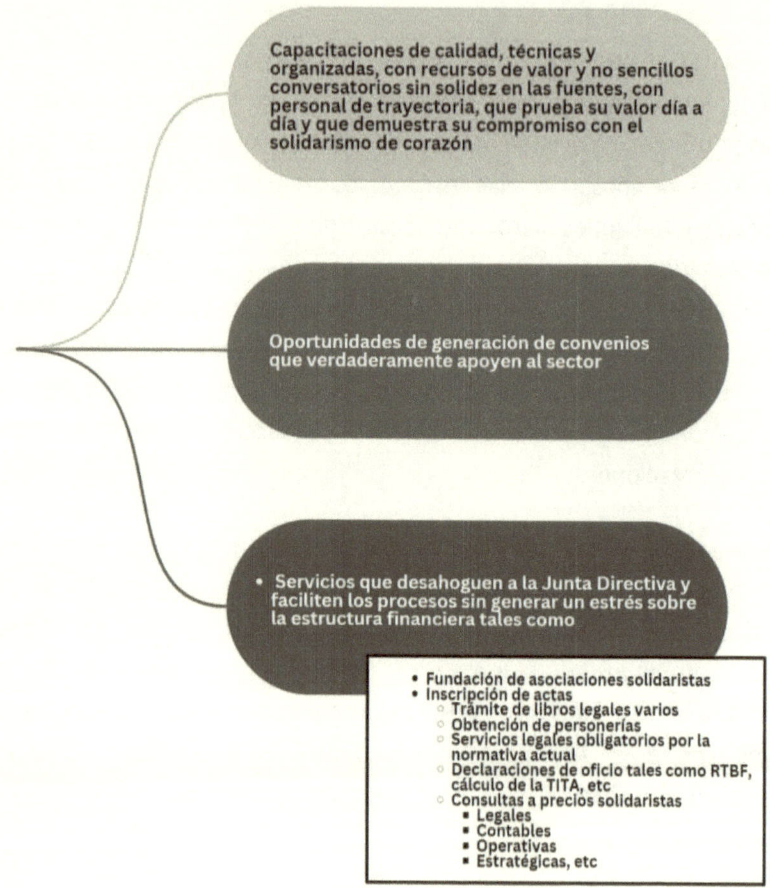

Herramientas para la Gobernanza y la Planificación Estratégica en las Asociaciones Solidaristas

El éxito de una asociación solidarista depende en gran medida de su capacidad para gestionar de manera eficaz y proactiva los recursos, las operaciones y las relaciones con sus asociados. Tanto la gobernanza sólida como el cumplimiento normativo son elementos esenciales para garantizar una gestión eficiente y alineada con los objetivos de la asociación. Para lograr esto, es necesario contar con herramientas que permitan planificar el camino a seguir, monitorear el progreso y adaptarse a los cambios del entorno.

Una de las herramientas clave en la gestión de una asociación solidarista es el plan estratégico. Este documento, actualizado regularmente, traza la ruta hacia los objetivos de la organización y proporciona un marco para la toma de decisiones. El plan estratégico debe ser claro, realista y estar alineado con los valores y las metas de la asociación, incluyendo tanto el perfil de los asociados como los desafíos del entorno en que se encuentra la organización. A través de la planificación estratégica, la asociación puede anticiparse a los problemas, gestionar los recursos de manera eficiente y fomentar una cultura de mejora continua.

Para que el plan estratégico sea eficaz, es necesario que esté respaldado por metodologías de medición y seguimiento. Esto incluye la implementación de indicadores clave de desempeño (KPIs) y otras herramientas que permitan evaluar constantemente el progreso. La adopción de sistemas de gestión operativa y financiera, como CODEAS o SIBU, facilita la recopilación de datos precisos en tiempo real, lo que a su vez apoya la toma de decisiones informadas y permite ajustar la estrategia según sea necesario.

Otra herramienta vital es el manual de puestos y funciones, que delimita las responsabilidades de cada miembro de la organización, desde la Junta Directiva hasta el personal administrativo. Esto no solo mejora la eficiencia operativa, sino que también promueve la transparencia y reduce los conflictos internos. Cada miembro de la asociación debe tener un entendimiento claro de su rol y de las expectativas asociadas, lo que a su vez facilita la selección y evaluación del personal adecuado para cada posición.

El checklist de cumplimiento es otro recurso esencial para garantizar que la asociación cumpla con todas las normativas legales y reglamentarias. Este documento permite revisar periódicamente si se están cumpliendo las obligaciones legales, desde la presentación de informes financieros hasta el manejo adecuado de los fondos y el cumplimiento de los estatutos. Mantenerse en regla no solo evita sanciones legales, sino que refuerza la confianza de los asociados y otros stakeholders.

En cuanto a la tecnología y los recursos operativos, en el contexto moderno, las asociaciones solidaristas deben ir más allá de los métodos manuales y adoptar sistemas tecnológicos que optimicen su gestión. El uso de plataformas de software especializadas, como aquellas dedicadas a la contabilidad, auditoría y gestión de recursos, permite una administración más precisa y eficiente. La tecnología, además, facilita el manejo de grandes volúmenes de información y mejora la toma de decisiones basadas en datos.

El ambiente laboral también juega un papel crucial en la efectividad de la gestión. Asegurarse de que el personal de la asociación cuenta con un entorno de trabajo digno y con las herramientas necesarias es fundamental para garantizar tanto su productividad como su satisfacción laboral. Esto incluye no solo la infraestructura física, sino también el acceso a capacitación y tecnologías que les permitan realizar su trabajo de manera eficiente.

Finalmente, la comunicación efectiva con los asociados es una de las herramientas más importantes para asegurar la cohesión dentro de la organización. La transparencia en la comunicación construye confianza y fomenta la participación activa de los asociados, quienes deben sentirse incluidos en los procesos de toma de decisiones y en la evolución de la organización. Esto también implica mantener informados a los asociados sobre los avances y desafíos de la asociación, así como capacitarlos en los beneficios y responsabilidades que conlleva ser miembro de la misma.

En conclusión, una combinación de herramientas sólidas de gobernanza, una planificación estratégica efectiva y el uso adecuado de la tecnología son esenciales para asegurar el éxito de una asociación solidarista. Al implementar estas prácticas, las asociaciones pueden gestionar de manera eficiente sus recursos, fomentar la participación de sus asociados y garantizar un crecimiento sostenible a largo plazo.

ANEXOS

EJEMPLARES DE DOCUMENTACIÓN DE UTILIDAD EN LAS ASOCIACIONES SOLIDARISTAS

Ejemplar de acta de JD / de acta de Asamblea (Ordinaria o Extraordinaria)-con datos ocultos para el aseguramiento de la confidencialidad

LOGO

ASOCIACIÓN SOLIDARISTA DE EMPLEADOS

Acta número: ACTA N

Día de la reunión:

Hora de la reunión: 14:00

Lugar: Presencial

Reunión Ordinaria de Junta Directiva de _______

Composición de la mesa:

- Presidente:
- Vicepresidente:
- Secretaria:
- Tesorero:
- Fiscal:
- Vocal 1:
- Administración y contabilidad:
- Fiscal 2:
- Vocal 2: vacante

Ausentes:

Siendo las _______ horas del día indicado da comienzo la reunión de la Junta Directiva _______ para tratar el siguiente Orden del Día:

Ejemplar de Personería Jurídica-con datos ocultos para el aseguramiento de la confidencialidad

MINISTERIO DE TRABAJO Y SEGURIDAD SOCIAL

Departamento de Organizaciones Sociales
Dirección de Asuntos Laborales

DEPARTAMENTO DE ORGANIZACIONES SOCIALES

CERTIFICA

1. Que la organización social: ASOCIACION SOLIDARISTA DE EMPLEADOS DE ████████████████, con dirección en: ████████████████, Siglas: ████████, cédula jurídica: ████████, se encuentra inscrita en los libros de registro que al efecto lleva este Departamento mediante resolución número: ████████████████ TOMO: ████████████████ Código anterior: --- Número de Expediente: ████████

2. Que en Asamblea o Sesión celebrada el día 09 de Marzo del 2024 la JUNTA DIRECTIVA se integra de la siguiente manera:

Puesto	Nombre	Cédula	Fecha Vencimiento
PRESIDENTE (A)			/2026
VICEPRESIDENTE (A)			/2025
SECRETARIO (A)			/2025
TESORERO (A)			/2026
VOCAL			/2025
SUPLENTE 1			/2026
SUPLENTE 2			/2025

3. Que en Asamblea celebrada el día 09 de Marzo del 2024 se eligió el órgano de Fiscalía, quedando de la siguiente manera:

Puesto	Nombre	Cedula	Fecha Vencimiento
FISCAL			
SUPLENTE FISCAL			

Por un período que vence en la fecha indicada en cada caso.

ES CONFORME: Se extiende la presente certificación a solicitud del interesado (a) en la ciudad de San José, a las nueve horas con veinticinco minutos del diecisiete de Junio del año dos mil veinticuatro.

LOGO

ASOCIACIÓN SOLIDARISTA DE EMPLEADOS

1. Aprobación de Acta N.

La secretaria consultó si todos los miembros de Junta Directiva (la Junta) revisaron el acta de la reunión pasada. El Acta N   e enero 2024 fue aprobada según lo conversado en la reunión.

En este punto,   omentó que cada acta debe llevar la indicación de que fue debidamente aprobada, una vez es impresa, y firmada por el presidente y la secretaria,

2. Estados financieros

Sobre

LOGO

ASOCIACIÓN SOLIDARISTA DE EMPLEADOS

"Al ser la   horas del día se cierra la sesión"

_______________________   _______________________

Presidente   Secretaria

Libro de Asociados/control sistematizado-con datos ficticios

ASEXXYYZZ

Código de opción: 12345

Núcleo de Clientes / Asociados

Preparado por: FULANITO DE TAL

Reporte Clientes / Asociados

Preparado EN: 10/10/2024

REPORTE DE: IDENTIFICACIÓN NOMBRE DEL ASOCIADO, Centro Trabajo, Centro

ID Asociado	Nombre	Centro Traba.	Centro Serv.	Cond. Laboral	Ing. Entidad
##	MORALES COTO ELIZABETH	CENTRO BASE	POR DEFECTO	1-Propiedad	04/01/2024
##	PICADO ESCAMILLA PATRICIA	CENTRO BASE	POR DEFECTO	1-Propiedad	04/01/2024
##	MORALES GARRO FREDDY	CENTRO BASE	POR DEFECTO	1-Propiedad	04/01/2024
##					
##					
##					
Total de registros:	6				

Ejemplar Control de Reserva de Liquidez (con datos ficticios)

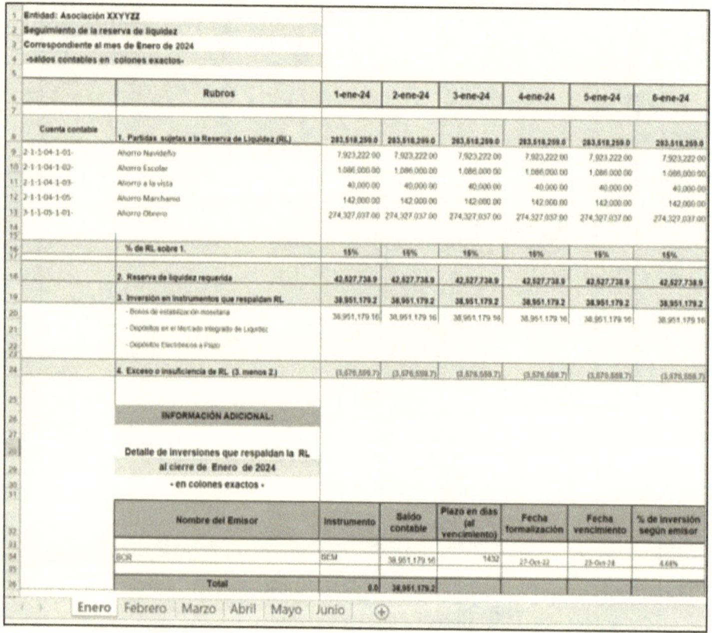

Entidad: Asociación XXYYZZ
Seguimiento de la reserva de liquidez
Correspondiente al mes de Enero de 2024
-saldos contables en colones exactos-

Cuenta contable	Rubros	1-ene-24	2-ene-24	3-ene-24	4-ene-24	5-ene-24	6-ene-24
	1. Partidas sujetas a la Reserva de Liquidez (RL)	283,518,259.0	283,518,259.0	283,518,259.0	283,518,259.0	283,518,259.0	283,518,259.0
2-1-1-04-1-01-	Ahorro Navideño	7,923,222.00	7,923,222.00	7,923,222.00	7,923,222.00	7,923,222.00	7,923,222.00
2-1-1-04-1-02-	Ahorro Escolar	1,086,000.00	1,086,000.00	1,086,000.00	1,086,000.00	1,086,000.00	1,086,000.00
2-1-1-04-1-03-	Ahorro a la vista	40,000.00	40,000.00	40,000.00	40,000.00	40,000.00	40,000.00
2-1-1-04-1-05-	Ahorro Marchamo	142,000.00	142,000.00	142,000.00	142,000.00	142,000.00	142,000.00
3-1-1-05-1-01-	Ahorro Obrero	274,327,037.00	274,327,037.00	274,327,037.00	274,327,037.00	274,327,037.00	274,327,037.00
	% de RL sobre 1.	15%	15%	15%	15%	15%	15%
	2. Reserva de liquidez requerida	42,527,738.9	42,527,738.9	42,527,738.9	42,527,738.9	42,527,738.9	42,527,738.9
	3. Inversión en instrumentos que respaldan RL	38,951,179.2	38,951,179.2	38,951,179.2	38,951,179.2	38,951,179.2	38,951,179.2
	- Bonos de estabilización monetaria	38,951,179.16	38,951,179.16	38,951,179.16	38,951,179.16	38,951,179.16	38,951,179.16
	- Depósitos en el Mercado Integrado de Liquidez						
	- Depósito Electrónico a Plazo						
	4. Exceso o insuficiencia de RL (3. menos 2.)	(3,576,559.7)	(3,576,559.7)	(3,576,559.7)	(3,576,559.7)	(3,576,559.7)	(3,576,559.7)

INFORMACIÓN ADICIONAL:

Detalle de inversiones que respaldan la RL
al cierre de Enero de 2024
- en colones exactos -

Nombre del Emisor	Instrumento	Saldo contable	Plazo en días (al vencimiento)	Fecha formalización	Fecha vencimiento	% de inversión según emisor
BCR	BEM	38,951,179.16	1432	27-Oct-22	23-Oct-28	6.68%
Total		0.0	38,951,179.2			

Convocatoria a Asamblea (Ordinaria o Extraordinaria)-con datos ocultos para el aseguramiento de la confidencialidad

Convocatoria Asamblea General 2023 Asociación Solidarista de Empleados de _______ .fines ES).

Por este medio, la Junta Directiva de la Asociación, de conformidad con el artículo : ___ del Estatuto, se permite hacer de su conocimiento la agenda para la **Asamblea General Ordinaria y Extraordinaria** a realizarse el día _______ del 2024, de manera **presencial en**

La **primera convocatoria será a las 5:00 p.m**. De no existir el quórum de ley a la hora señalada, la misma se hará UNA hora después **(6:00 p.m.)** con las personas asociadas presentes.

AGENDA:

1. Comprobación del quórum. (**SE VOTA EL ORDEN DEL DIA**)
2. Mensaje de bienvenida.
3. **Asamblea Extraordinaria**.
    3.1
4. **Asamblea General Ordinaria.**
    4.1 Presentación, discusión y aprobación de informes de la Junta Directiva. (Presidencia-Tesorería y Fiscalía)
    4.2 Acuerdo sobre excedentes.
    4.3 Elección nueva Junta Directiva.
    4.4 Juramentación de los directivos
    4.5 Mociones.
    4.6 Mensaje de la Administración.
    4.7 Clausura Asamblea.
5. **Rifas.**

Atentamente,

Junta Directiva y Afines.

____

Presidente

CAPITULO IV.

DE LAS ASAMBLEAS GENERALES.

Artículo 16. La Asamblea General, legalmente convocada, es el órgano supremo de la Asociación y expresa la voluntad colectiva en las materias de su competencia. Las facultades que la Ley o los Estatutos no atribuyen a otro órgano, será competencia de la Asamblea. Las Asambleas ordinarias y extraordinarias podrán celebrarse en el domicilio social de la Asociación o donde la Junta Directiva la designe. Los acuerdos que se tomen en Asamblea General son de cumplimiento obligatorio para todos los asociados, ya sea que hayan estado presentes o ausentes, o que hayan votado positiva o negativamente el acuerdo del que se trate.

Boleta de Afiliación (con datos ocultos por confidencialidad)

LOGO

SOLICITUD DE AFILIACIÓN

________/________/__________.
Día   Mes   Año

Señores
Junta Directiva
Afines

Estimados señores:

Reciban un cordial saludo y al mismo tiempo solicito se apruebe mi solicitud de ingreso a la Asociación Solidarista de Empleados de ________ y Afines. Con sus siglas ________ es. Asimismo, en el momento de aprobación de la misma, autorizo a ________

segun corresponda mi planilla a deducir de mi salario el 5% correspondiente al Aporte Obrero que establece la Ley 6970, y cuotas por ahorros voluntarios, préstamos o vales y lo gire a la Asociación.

Datos Personales:

Nombre completo: ____

No de Identificación:________________ Tipo identificación:________

Cuenta con Vehículo:________________

Nacionalidad:________________Fecha de nacimiento: __

Género: ________________ Correo electrónico:________

Red Social: Facebook________________ Instagram ________

Dirección exacta del domicilio:________________

Provincia:_______________________Cantón__________________________Distrito:_
____

Si usted cuenta con alguna discapacidad por favor indicar:
____

No. de teléfono habitación: _______________________________No. de Celular__________
____

Estado Civil: _______________________________No. de hijos:_
____

Nombre del Hijo (a): _______________________________Sexo :(F) (M). Fecha de
Nacimiento:_________________________________
Nombre del Hijo (a): _______________________________Sexo :(F) (M). Fecha de
Nacimiento:_________________________________
Nombre del Hijo (a): _______________________________Sexo :(F) (M). Fecha de
Nacimiento:_________________________________
Nombre del Hijo (a): _______________________________Sexo :(F) (M). Fecha de
Nacimiento:_________________________________
Nombre del Hijo (a): _______________________________Sexo :(F) (M). Fecha de
Nacimiento:_________________________________
Nombre del Hijo (a): _______________________________Sexo :(F) (M). Fecha de
Nacimiento:_________________________________

Nota: Si alguno de sus hijos tiene alguna discapacidad por favor colocarle un asterisco (*) al inicio del nombre.

Discapacidad *:____

Nombre del/la Conyugue: _______________________________Sexo :(F) (M). Fecha de
Aniversario:_________________________________

Si su conyugue cuenta con alguna discapacidad por favor indicar:
____

Beneficiario(a) de liquidación de ahorros en caso de Fallecimiento:
____

Parentesco: ______________ Porcentaje:
____

Beneficiario(a) de liquidación de ahorros en caso de Fallecimiento:
____

Parentesco: _______________ Porcentaje:
____

<u>DATOS DE LA EMPRESA</u>

Fecha de ingreso a la empresa: _________________ Puesto: __
____

Centro de trabajo: ___________________________________Tienda No._
____

FIRMA DEL SOLICITANTE___________________________ **<u>NOTA:</u>** ADJUNTAR
FOTOCOPIA DE LA CÉDULA

____

Espacio para uso exclusivo de la Junta Directiva de

APROBADO: SÍ (_), No ( )   FECHA:___/____/_____.   JUNTA DIRECTIVA__
____
              Día Mes   Año

Ejemplar de acta de oficios para inscripción de ACTAS y pertinentes (con información oculta para asegurar la confidencialidad)

LOGO

de febrero, 20

CPJ. 3-002 _______

Señores
Departamento de Organizaciones Sociales
Ministerio de Trabajo y Seguridad Social

Estimados señores:

Por este medio les solicitamos registrar en lo que proceda el acta de Asamblea General Extraordinaria y Ordinaria, realizada el

Para lo anterior le adjuntamos los documentos respectivos y les indicamos que para cualquier comunicación al respecto puede ser utilizado el   o el e-mail:

Atentamente,

Asociación Solidarista de Empleados de
                 Y AFINES

Presidente   **Secretaria**

Trascripción en lo conducente del acta de la Asamblea General Ordinaria de Asociación Solidarista de Empleados de ________________ realizada a las 10:00 a.m. del ________________, en base al oficio DAJ-________ del ________ de 20__ de manera virtual por medio de la plataforma ZOOM con un total de ____ socios, en segunda convocatoria y convocada como lo establece la Ley 6970 de Asociaciones Solidaristas.

ASUNTOS DE ASAMBLEA EXTRAORDINARIA

ARTÍCULO 1: Por más de las dos terceras partes de los asociados presentes se modifica el artículo 5 de los Estatutos quedando de la siguiente manera:

ARTICULO 5: Para el adecuado logro de sus objetivos, la Asociación contará con

________________________________   ________________________________

Presidente   **Secretaria**

<u>**ASUNTOS DE ASAMBLEA ORDINARIA**</u>

ARTÍCULO 2: Por haber vencido su periodo la Fiscalía y parcialmente la Junta Directiva, además de presentarse una renuncia, se procede a realizar los nombramientos correspondientes, por más de la mitad de los asociados presentes, en la cual se publicitó que debía completarse y junto a ello debía cumplirse con la Ley N° 8901, que establece la paridad de género en los miembros del órgano director. Acto seguido se invitó a todos los presentes tanto hombres como mujeres a participar de tales elecciones, no obstante, la mayoría de mujeres haciendo uso de su derecho constitucional, se abstuvieron de participar en tal contienda por lo que existió imposibilidad material y formal para cumplir con la norma antes citada. Por lo tanto, quedó de la siguiente manera:

renuncia el día ___________ de 20__

Vicepresidente: ___________ , mayor, soltero, vecino de San José, ___________ cédula de identidad No. ___________

Tesorero: ___________ , mayor, soltero, vecino de San José ___________ cédula de identidad No. ___________

Vocal 2: ___________ mayor, soltero, vecino de San José ___________ cédula de identidad No ___________

Vocal 3: ___________ mayor, soltero, vecino de San José ___________ cédula de identidad No ___________

Fiscal 1: ___________ mayor, soltero, vecino de San José ___________ cédula de identidad No ___________

Fiscal 2: ___________ mayor, soltero, vecino de San José ___________ cédula de identidad No ___________

Artículo 3: Se concede poder amplio y suficiente a la Asesora Solidarista
_______________ , cédula No. _______________ para que proceda a inscribir la presente documentación ante el Departamento de Organizaciones Sociales del Ministerio de Trabajo y Seguridad Social, pudiendo hacer enmiendas y aclaraciones de ser necesario.

No habiendo más asuntos por tratar, se declara en firme los acuerdos tomados al ser las _____ p.m. del día antes citado y se levanta la sesión.

Presidente   **Secretaria**

77

DECLARACIÓN JURADA

Los suscritos declaramos bajo la fe del juramento no tener impedimento legal alguno para ejercer el cargo al que fuimos nombrados según el Artículo 14 de la Ley No. 6970 de Asociaciones Solidaristas: **Vicepresidente:** mayor, soltero, vecino de San José, cédula de identidad No. . **Tesorero:** , mayor, soltero, vecino de San José, cédula de identidad No. . **Vocal 2:** mayor, soltero, vecino de San José, cédula de identidad No. . **Vocal 3** , mayor, soltero, vecino de San José, cédula de identidad No. .

____
Vicepresidente

____
Tesorero

____
Vocal 2

____
Vocal 3

Ejemplar de formato para perfiles de puesto (con información oculta para aseguramiento de la confidencialidad)

DESCRIPCIÓN DE TAREAS ASIGNADAS EN LA JORNADA LABORAL Y PROCEDIMIENTOS RESPECTIVOS DE LABOR

TAREA ASIGNADA	ADMINISTRACIÓN DE BODEGA	
ALCANCE	• Esta tarea se desarrolla en las siguientes áreas: todas las áreas en las cuáles se	
AUTORIDAD	• Esta tarea es subordinada de toda indicación que genere la Gerencia y cuando se • • i y guardar coordinación en equipo con la Gerencia	
COMPETENCIAS PERSONALES	• Don de mando • Disciplina • Proactivo • Puntual • Leal • Habilidad para trabajar bajo presión • Habilidad de relacionarse con otros • Capaz de analizar diferencias rápidamente • Buena memoria • Organizado • Fortaleza para permanecer en el mismo puesto y posición • Concentración en las tareas	
NIVEL ACADÉMICO y EXPERIENCIA	• Deseable secundaria Completa (Leer, escribir y contar perfectamente) • Llenado de reportes de forma manual y en computadora • Diseño y generación de reportes y cálculos matemáticos intermedios	
OBJETIVO GENERAL DE LA TAREA	• Supervisar el proceso de abastecimiento, procesamiento y distribución ejecutado en a movimientos dentro y fuera de la Bodega.	
OBJETIVOS ESPECÍFICOS	• Gestionar los procedimientos llevados a cabo en Bodega y su mejora continua • • • is de Recurso Humano, Volúmenes y Estrategia Empresarial	
ACTIVIDADES DIARIAS	¿QUÉ SE HACE?	¿CÓMO LO HACE?-Procedimiento
	• Administración y Monitoreo de los	La administración y monitoreo se llevará de la pura y constante, así como de cualquier

		asignación investigativa, informativa, comunicativa o implementativa que Gerencia genere
	• Comunicación con Oficinas Centrales	Mensajería, Contabilidad, RRHH y Gerencia
	• Seguimiento de órdenes de Gerencia	a eficiente posible.
	• Administración y Monitoreo de personal	Las entradas y salidas del personal serán de producción mediante este también se podrá medir el rendimiento de cada persona.
ACTIVIDADES DIARIAS	Planillas y seguimiento de RRHH	Ejecuta las planillas de bodegueros por medio loj El Bodega le reporta de forma diaria
	Capacitaciones	Las capacitaciones se ejecutan según de Capacitaciones en su computadora.

	una visión global analítica para la Gerencia, [...] ía, [...] es e cia var control absoluto y actualizado de la bitácora de personal contenida en el drive.
TOMA DE DECISIONES	• Autónomas y Supervisadas
ELEMENTOS DE TRABAJO	• Todos los que precisen las demás asignaciones en este manual en caso que requiera desarrollarse en dichas áreas al ejecutar sus funciones
RESULTADOS ESPERADOS	• Llevar al día todos los reportes que le corresponden • Llevar al día todos los roles que le corresponde asignar y velar por su ejecución • Otros índices que se implementen
INDICADORES DEL BUEN DESEMPEÑO	• [illegible] • Control absoluto de recurso humano y de inventarios
RESPONSABILIDADES DE SALUD Y SEGURIDAD (solo para tareas indicadas)	• Todos los que precisen las demás asignaciones en este manual en caso que requiera [...]
ELEMENTOS DE PROTECCIÓN PERSONAL	• Todos los que precisen las demás asignaciones en este manual en caso que requiera
CAPACITACIONES PERTINENTES	• • • Seguimiento: Refrescamientos Semestrales y Reunión de Inicio de Semana
PRUEBAS QUE LE CORRESPONDEN	• [...] eba de Campo en Bodega [...] semestral, ejecutado • Entrevista con Gerencia

Ejemplar de formato para Reglamentos (con información oculta para aseguramiento de la confidencialidad)

DISPOSICIONES GENERALES

Artículo 1:

El presente Reglamento de Ahorros Personales Voluntarios que en adelante podrá ser denominado "REGLAMENTO", tiene como objetivo regular el trámite de solicitud, inclusión, modificación, exclusión y entrega de los ahorros voluntarios de los asociados de la
y Afines". Se basa en el artículo No. 18, inciso A de la Ley 6970 de Asociaciones Solidaristas y su Reglamento.

Artículo 2:
Toda modificación a este Reglamento sólo podrá ser realizada por la Junta Directiva de la Asociación, con fundamento en las facultades que los estatutos de ésta le confieren.

SUJETOS DE AHORRO

Artículo 3:

Serán sujetos de afiliarse a un Ahorro Personal Voluntario todos los Asociados que estén
a

REQUISITOS DE LOS AHORROS VOLUNTARIOS

Artículo 4:

Los afiliados a cualquier ahorro, deben cumplir las cláusulas que se señalan en este

hubiere aprobado a nivel de Acuerdo.

Artículo 5:

Artículo 6:

Ejemplar de Comunicado Oficial (ejemplar parcial para aseguramiento de la confidencialidad)

COMUNICADO OFICIAL

Asociación Solidarista de [Nombre de la Empresa]

[Fecha]

A todos nuestros estimados asociados:

Nos complace informarles que, en sesión ordinaria celebrada el pasado [fecha de la reunión], la Junta Directiva de la Asociación Solidarista de [Nombre de la Empresa] aprobó una **actualización de nuestro reglamento interno**, específicamente en lo relacionado con los **porcentajes de interés aplicables a préstamos y ahorro**.

Principales cambios:

1. **Tasa de interés en préstamo**   , partir del [fecha de entrada en vigor], el interés aplicado a los préstamos solidarios será de [nuevo porcentaje] anual, lo que representa un ajuste respecto al porcentaje anterior de [porcentaje anterior].

2. **Interés sobre ahorros:** La tasa de interés aplicada a los ahorros de los asociados pasará a ser de [nuevo porcentaje] anual, manteniendo nuestro compromiso de ofrecer   competitivos y seguros para sus aportes.

Estos cambios forman parte de nuestra política de **mejora continua y adaptación a las condiciones económicas actuales**, y están diseñados para asegurar el bienestar financiero de nuestros asociados y el sostenimiento de nuestra asociación en el largo plazo.

El nuevo reglamento estará disponible para consulta en nuestras oficinas y a través de nuestra página web [insertar URL], a partir del [fecha de publicación del reglamento]. Si tienen alguna pregunta o requieren mayor información, no duden en ponerse en contacto con nuestro equipo de atención al asociado al [teléfono] o vía correo electrónico [email].

Agradecemos su comprensión y apoyo continuo.

Atentamente,

[Nombre del Presidente o Representante]
Presidente
Asociación Solidarista de [Nombre de la Empresa]

Libro de Asociados/control sistematizado-con datos ficticios

ASEXXYYZZ

Código de opción: 12345

Núcleo de Clientes / Asociados

Preparado por:

FULANITO DE TAL

Reporte Clientes / Asociados

Preparado EN:

10/10/2024

REPORTE DE: IDENTIFICACIÓN NOMBRE DEL ASOCIADO, Centro Trabajo, Centro

ID Asociado	Nombre	Centro Traba.	Centro Serv.	Cond. Laboral	Ing. Entidad
##	MORALES COTO ELIZABETH	CENTRO BASE	POR DEFECTO	1-Propiedad	04/01/2024
##	PICADO ESCAMILLA PATRICIA	CENTRO BASE	POR DEFECTO	1-Propiedad	04/01/2024
##	MORALES GARRO FREDDY	CENTRO BASE	POR DEFECTO	1-Propiedad	04/01/2024
##					
##					
##					

Total de registros:	6

Ejemplar Control de Reserva de Liquidez (con datos ficticios)

Entidad: Asociación XXYYZZ
Seguimiento de la reserva de liquidez
Correspondiente al mes de Enero de 2024
-saldos contables en colones exactos-

Cuenta contable	Rubros	1-ene-24	2-ene-24	3-ene-24	4-ene-24	5-ene-24	6-ene-24
	1. Partidas sujetas a la Reserva de Liquidez (RL)	283,518,259.0	283,518,259.0	283,518,259.0	283,518,259.0	283,518,259.0	283,518,259.0
2-1-1-04-1-01-	Ahorro Navideño	7,923,222.00	7,923,222.00	7,923,222.00	7,923,222.00	7,923,222.00	7,923,222.00
2-1-1-04-1-02-	Ahorro Escolar	1,086,000.00	1,086,000.00	1,086,000.00	1,086,000.00	1,086,000.00	1,086,000.00
2-1-1-04-1-03-	Ahorro a la vista	40,000.00	40,000.00	40,000.00	40,000.00	40,000.00	40,000.00
2-1-1-04-1-05-	Ahorro Marchamo	142,000.00	142,000.00	142,000.00	142,000.00	142,000.00	142,000.00
3-1-1-05-1-01-	Ahorro Obrero	274,327,037.00	274,327,037.00	274,327,037.00	274,327,037.00	274,327,037.00	274,327,037.00
	% de RL sobre 1.	15%	15%	15%	15%	15%	15%
	2. Reserva de liquidez requerida	42,527,738.9	42,527,738.9	42,527,738.9	42,527,738.9	42,527,738.9	42,527,738.9
	3. Inversión en instrumentos que respaldan RL.	38,951,179.2	38,951,179.2	38,951,179.2	38,951,179.2	38,951,179.2	38,951,179.2
	- Bonos de estabilización monetaria	38,951,179.16	38,951,179.16	38,951,179.16	38,951,179.16	38,951,179.16	38,951,179.16
	- Depósitos en el Mercado Integrado de Liquidez						
	- Depósitos Electrónicos a Plazo						
	4. Exceso o insuficiencia de RL (3. menos 2.)	(3,576,559.7)	(3,576,559.7)	(3,576,559.7)	(3,576,559.7)	(3,576,559.7)	(3,576,559.7)

INFORMACIÓN ADICIONAL:

Detalle de inversiones que respaldan la RL
al cierre de Enero de 2024
- en colones exactos -

Nombre del Emisor	Instrumento	Saldo contable	Plazo en días (al vencimiento)	Fecha formalización	Fecha vencimiento	% de inversión según emisor
BCR	BEM	38,951,179.16	1432	27-Oct-22	23-Oct-24	4.68%
Total		0.0	38,951,179.2			

Enero | Febrero | Marzo | Abril | Mayo | Junio | ⊕

Ejemplar de DASHBOARD de un Plan Estratégico (con información oculta para asegurar la confidencialidad)

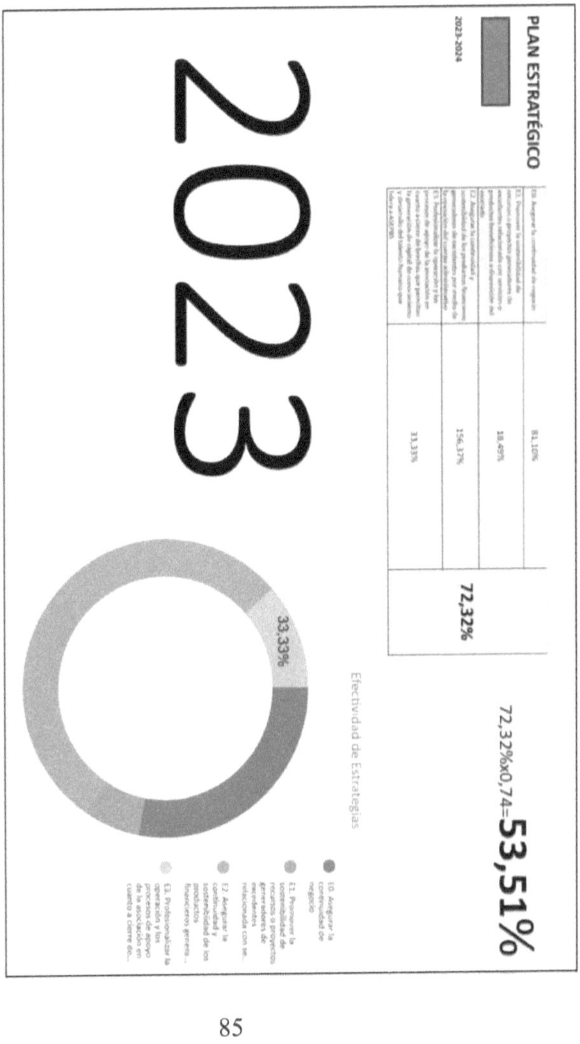

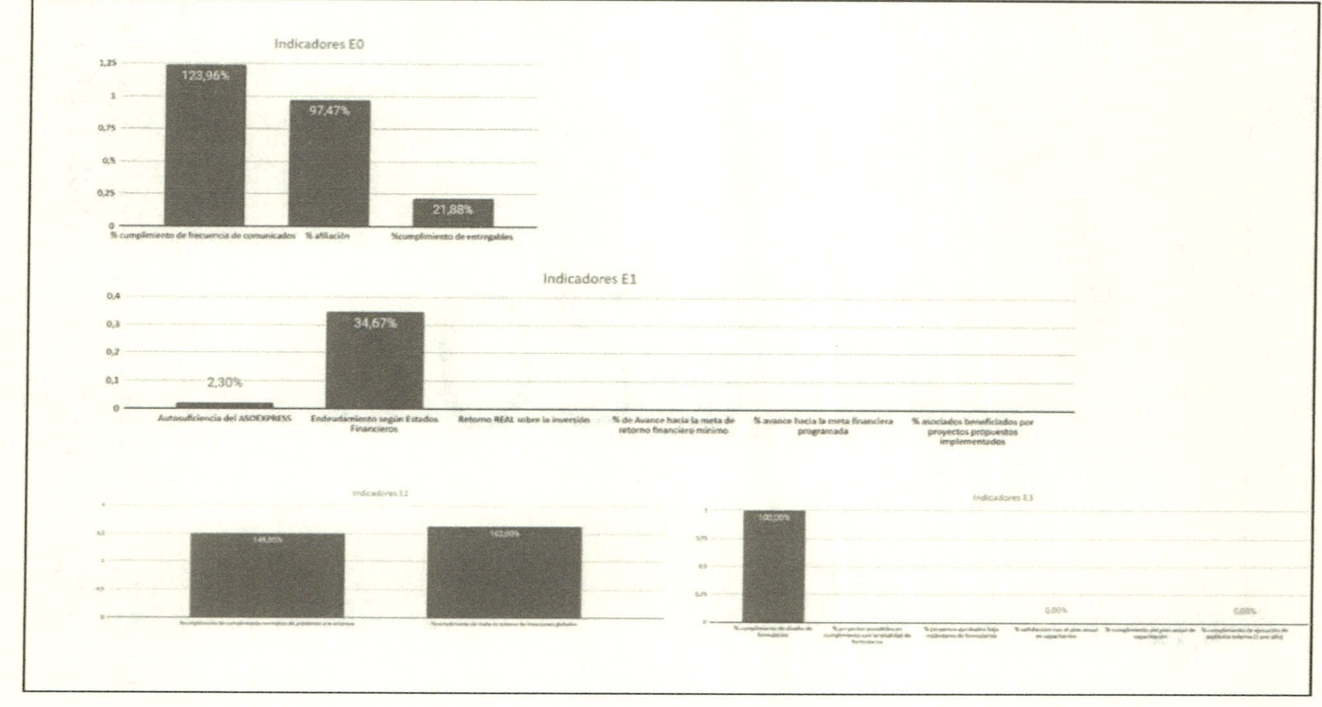

Indicadores E0
123,96%
97,47%
21,88%
% cumplimiento de frecuencia de comunicados
% afiliación
%cumplimiento de entregables
Indicadores E1
2,30%
34,67%
Autosuficiencia del ASOEXPRESS
Endeudamiento según Estados Financieros
Retorno REAL sobre la inversión
% de Avance hacia la meta de retorno financiero mínimo
% avance hacia la meta financiera programada
% asociados beneficiados por proyectos propuestos implementados
Indicadores E2
Indicadores E3
100,00%
0,00%
0,00%

OBJETIVO GENERAL	ÁREAS ESPECÍFICAS	ESTRATEGIAS	TÁCTICAS	INDICADOR DE CONTROL	ESTADO DE META	PROMEDIO POR ESTRATEGIA
Trabajar hacia la mejora del nivel de vida de los [...]	OPERATIVO	**E0.** Asegurar la c[...] negocio	T1. Eficacia de la Comunicación Corporativa: Desarrollar una gama de recursos de apoyo que puedan ser difundidos de forma [...]vo que obstaculice la asociación	% cumplimiento de frecuencia de comunicados	123,36%	81,10%
			[...]roceso lobbying que [...]sfacción del asociado [...]a difusión de boca en [...] Enfoque de Afiliación	% afiliación	97,47%	
			[...]ntación Formal de [...]e del funcionamiento [...] una NO CONFORMIDAD [...]as y decisiones que [...]o de negocio	%cumplimiento de entregables	21,88%	
	ECONÓMICO-SOCIAL-OPERATIVO	**E1.** Promover la [...] de recursos o pr[...] generadores de [...] relacionada con [...] productos benef[...] disposición del a[...]	[...]que permita la [...]PP (servicios públicos, [...] adicione)	Autosuficiencia del ASOEXPRESS	2,30%	18,49%
			[...]riesgo de fondos no [...]crédito de los [...]nidad de la asociación	Endeudamiento según Estados Financieros	34,67%	
				Retorno REAL sobre la inversión		
			T3. Proyectos de Proyección social, económicos u Operativos: formalizar la toma de decisiones de ejecución de proyectos sociales,	% de Avance hacia la meta de retorno financiero mínimo		
				% avance hacia la meta		

Recuadro superpuesto:

ENTREGABLES

Encuestas, vídeos informativos, manuales virtuales, catálogos de whatsapp, brochures de difusión, páginas web y de redes sociales...

Open house, ferias informativas, campañas virtuales, inversión en imagen

Encuestas, programas sociales y proyectos operativos de bienestar, inversión en imagen

Manual de Puestos, Protocolos y Procedimientos, Reglamento de Crédito, Ahorros, Afiliación, Inversiones. Políticas de Reuniones de Junta Directiva, Normas de Gobernanza de Asamblea, Reglamentos de

Ejemplar de formato para Evaluación de la Satisfacción (ejemplar parcial para aseguramiento de la confidencialidad)

EVALUACIÓN DE LA SATISFACCIÓN

Sírvase responder al siguiente cuestionario para evaluar la satisfacción de nuestros asociados con todos los recursos que se tienen a su disposición. Su opinión es sumamente importante para el continuo trabajar de nuestro equipo. Agradecemos su tiempo.

successcoachliz@gmail.com Cambiar de cuenta

* Indica que la pregunta es obligatoria

Correo *

Tu dirección de correo electrónico

1. Califique su satisfacción con los siguientes recursos: *

	Totalmente instatisfecho	Insatisfecho	Regularmente satisfecho	Satisfecho	Muy Satisfecho	Totalmente Satisfecho
Servicios del APP: pago de servicios públicos	○	○	○	○	○	○
Servicios del APP: Yuplón	○	○	○	○	○	○
Servicios del APP: SINPE	○	○	○	○	○	○
Servicios del APP: Payser	○	○	○	○	○	○

1.A. Explique los motivos de todas las respuestas que no haya obtenido alta satisfacción, por favor

Tu respuesta

| capacitación y explicación de Ahorro y Crédito | ○ | ○ | ○ | ○ | ○ | ○ |

| Vídeos y Manuales de capacitación y explicación de Importancia de la Asamblea General | ○ | ○ | ○ | ○ | ○ | ○ |

3.B. Explique los motivos de todas las respuestas que no haya obtenido alta satisfacción, por favor

Tu respuesta

3.C. Marque cuáles de los siguientes recursos ha visto: *

☐ Vídeo de Beneficios al Asociado (o Manual Virtual)

☐ Vídeo de Ahorro y Crédito (o Manual Virtual)

☐ Vídeo de La Importancia de la Asamblea General (o Manual Virtual)

4. Califique su satisfacción con los siguientes recursos: *

	Totalmente instatisfecho	Insatisfecho	Regularmente satisfecho	Satisfecho	Muy Satisfecho	Totalment Satisfech
Préstamos a los asociados	○	○	○	○	○	○
Excedentes	○	○	○	○	○	○

4.A. Explique los motivos de todas las respuestas que no haya obtenido alta

de la Junta Directiva	○	○	○	○	○	○
Atención de la Administración	○	○	○	○	○	○
Labor de la Administración	○	○	○	○	○	○
Instalaciones de la Asociación Solidarista	○	○	○	○	○	○
Manejo de la Asamblea	○	○	○	○	○	○
Organización de la Asamblea	○	○	○	○	○	○
Comunicación al asociado	○	○	○	○	○	○

5.A. Explique los motivos de todas las respuestas que no haya obtenido alta satisfacción, por favor

Tu respuesta

CIERRE

Usted ha llegado al final de esta evaluación, le agradecemos muchísimo su opinión. Si tiene cualquier otro comentario, por favor déjelo en el siguiente espacio.

7. Espacio para comentarios EXTRA

Tu respuesta

Enviar

Borrar formulario

Ejemplar de formato Montaje de Plan Anual de Capacitación (ejemplar parcial para aseguramiento de la confidencialidad)

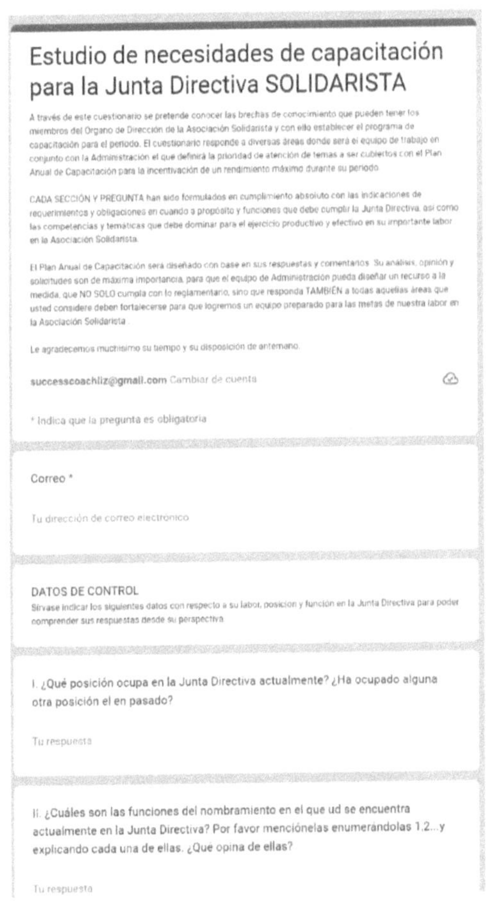

Estudio de necesidades de capacitación para la Junta Directiva SOLIDARISTA

A través de este cuestionario se pretende conocer las brechas de conocimiento que pueden tener los miembros del Órgano de Dirección de la Asociación Solidarista y con ello establecer el programa de capacitación para el periodo. El cuestionario responde a diversas áreas donde será el equipo de trabajo en conjunto con la Administración el qué definirá la prioridad de atención de temas a ser cubiertos con el Plan Anual de Capacitación para la incentivación de un rendimiento máximo durante su periodo.

CADA SECCIÓN Y PREGUNTA han sido formulados en cumplimiento absoluto con las indicaciones de requerimientos y obligaciones en cuando a propósito y funciones que debe cumplir la Junta Directiva, así como las competencias y temáticas que debe dominar para el ejercicio productivo y efectivo en su importante labor en la Asociación Solidarista.

El Plan Anual de Capacitación será diseñado con base en sus respuestas y comentarios. Su análisis, opinión y solicitudes son de máxima importancia, para que el equipo de Administración pueda diseñar un recurso a la medida, que NO SOLO cumpla con lo reglamentario, sino que responda TAMBIÉN a todas aquellas áreas que usted considere deben fortalecerse para que logremos un equipo preparado para las metas de nuestra labor en la Asociación Solidarista.

Le agradecemos muchísimo su tiempo y su disposición de antemano.

successcoachliz@gmail.com Cambiar de cuenta

* Indica que la pregunta es obligatoria

Correo *

Tu dirección de correo electrónico

DATOS DE CONTROL
Sírvase indicar los siguientes datos con respecto a su labor, posición y función en la Junta Directiva para poder comprender sus respuestas desde su perspectiva.

I. ¿Qué posición ocupa en la Junta Directiva actualmente? ¿Ha ocupado alguna otra posición el en pasado?

Tu respuesta

II. ¿Cuáles son las funciones del nombramiento en el que ud se encuentra actualmente en la Junta Directiva? Por favor menciónelas enumerándolas 1.2...y explicando cada una de ellas. ¿Qué opina de ellas?

Tu respuesta

Reglamento interno de manejo de inversiones y finanzas relacionadas	○	○	○	○	○
Manejo de sesiones y Asamblea	○	○	○	○	○
Ley de Solidarismo y la forma en que debe aplicarse correctamente	○	○	○	○	○
La manera en que funciona la Asociación Solidarista administrativamente y operativamente	○	○	○	○	○

1.A.i. Sírvase anotar cualquier otro reglamento, ley o manual, documentación, etc, que considere de suma importancia en cuanto a necesidad de brindarle capacitación al equipo del Órgano Director. Por favor fundamente su respuesta para poder comprender la necesidad de la mejor manera.

Tu respuesta

1.B.i. Sírvase anotar cualquier otra temática en relación con el giro de negocio y el funcionamiento de la Asociación Solidarista, que considere de suma importancia en cuanto a necesidad de brindarle capacitación técnica al equipo del Órgano director. Por favor fundamente su respuesta para poder comprender la necesidad de la mejor manera.

Tu respuesta

SECCIÓN # 2
Habilidades técnicas

2.A. Organice de mayor(4) a menor(1) la urgencia que considera usted tienen las siguientes TEMÁTICAS TÉCNICAS para efectos de preparar y ofrecer capacitación o refrescamiento al Órgano Director para promover la productividad de sus funciones
* LOS NÚMEROS DEBEN SER UTILIZADOS UNA ÚNICA VEZ CADA UNO

cuentas

Planeamiento estratégico: Definición de marco estratégico que defina los segmentos de negocio o actividades principales, los retornos esperados y el Apetito de Riesgo, lo cual debe ser comunicado a la organización.

○   ○   ○   ○   ○   ○

3-1.A.i. Sírvase anotar cualquier otro TEMA en relación a ESTRATEGIA que considere de suma importancia en cuanto a necesidad de brindarle capacitación al equipo del Órgano Director. Por favor fundamente su respuesta para poder comprender la necesidad de la mejor manera.

Tu respuesta

SECCIÓN # 3-2
Planificación Estratégica y Operativa-CONTROL

3-2.A. Organice el ORDEN en que usted considera le sería de mayor provecho que se le presentaran las capacitaciones en relación con la temática de CONTROL en la organización. Siendo (1) la primera y (6) la última. De manera que le ayude a comprender el concepto para poder tomar decisiones productivas en el puesto que desempeña.
* LOS NÚMEROS DEBEN SER UTILIZADOS UNA ÚNICA VEZ CADA UNO

	1	2	3	4	5	6
Auditoría interna y externa	○	○	○	○	○	○
Mecanismos de control interno, especialmente en lo relativo a las finanzas y operación	○	○	○	○	○	○
Organización y funcionamiento efectivo	○	○	○	○	○	○

abastecimiento
y de valor

Sistema de
incentivos y
remuneración
de la entidad

○ ○ ○ ○ ○ ○ ○ ○

3-3.A.i. Sírvase anotar cualquier otro tema en relación al RECURSO HUMANO que considere de suma importancia en cuanto a necesidad de brindarle capacitación al equipo del Órgano Director. Por favor fundamente su respuesta para poder comprender la necesidad de la mejor manera.

Tu respuesta

SECCIÓN # 4
Competencias Blandas

4.A. Organice el ORDEN en que usted considera le sería de mayor provecho que se le presentaran las capacitaciones en relación con la temática de COMPETENCIAS BLANDAS que se pueden obtener de estos TEMAS GERENCIALES en la organización. Siendo (1) la primera y (9) la última. De manera que le ayude a comprender el concepto para poder tomar decisiones productivas en el puesto que desempeña.

* LOS NÚMEROS DEBEN SER UTILIZADOS UNA ÚNICA VEZ CADA UNO

	1	2	3	4	5	6	7	8	9
Gestión de impacto y gestión estratégica	○	○	○	○	○	○	○	○	○
Gestión de inversiones para el máximo beneficio	○	○	○	○	○	○	○	○	○
Gestión de Riesgos y líneas de defensa	○	○	○	○	○	○	○	○	○
Gestión del Recurso Humano	○	○	○	○	○	○	○	○	○
Gestión integral de	○	○	○	○	○	○	○	○	○

20.Trabajo en equipo: Capacidad de promover, fomentar y mantener relaciones de colaboración eficientes con compañeros y otros grupos de trabajo para integrar esfuerzos comunes y resultados tangibles.

ANÁLISIS DEL EQUIPO DE JUNTA DIRECTIVA

5.2.1.A. Por favor proceda a indicar el nombramiento para el que calificará las competencias de su compañer@ de Junta Directiva (sus respuestas serán confidenciales y en los reportes únicamente se mostrarán promedios sin indicar la persona que ha evaluado)

Elige ▾

5.2.1.B . Analice a sus compañer@s en cuanto a las siguientes competencias. Recuerde que esto no es para criticarse, sino para definir qué tipo de habilidades debemos aportarle a nuestro equipo para que pueda cumplir sus labores. Todos somos distintos y valiosos.

	malo	regular	bueno	muy bueno	excelente
1.Atención al detalle: Capacidad para el manejo o gestión de operaciones y actividades conformadas por detalles que requieren ser atendidos de manera cuidadosa, precisa, segura y oportuna, debido a que pueden afectar resultados más amplios e incluso incidir en los costos.	○	○	○	○	○

acciones que minimicen riesgos y garanticen cumplimiento efectivo de asignaciones.

○   ○   ○   ○   ○

19.Servicio al cliente: Capacidad para brindarle un servicio personalizado y eficiente al cliente a través de información confiable y oportuna.

○   ○   ○   ○   ○

20.Trabajo en equipo: Capacidad de promover, fomentar y mantener relaciones de colaboración eficientes con compañeros y otros grupos de trabajo para integrar esfuerzos comunes y resultados tangibles.

○   ○   ○   ○   ○

5.2.2.A. Por favor proceda a indicar el nombramiento para el que calificará las competencias de su compañer@ de Junta Directiva (sus respuestas serán confidenciales y en los reportes únicamente se mostrarán promedios sin indicar la persona que ha evaluado)

Elige ▾

5.2.2.B   Analice a sus compañer@s en cuanto a las siguientes competencias. Recuerde que esto no es para criticarse, sino para definir qué tipo de habilidades debemos aportarle a nuestro equipo para que pueda cumplir sus labores. Todos somos distintos y valiosos.

	malo	regular	bueno	muy bueno	excelente
1.Atención al detalle: Capacidad para el manejo o gestión de					

6.1. Utilice esta oportunidad para indicarnos cualquier otra recomendación que usted considere pertinente, para que podamos incluirla en al Plan Anual de Capacitación y Refrescamiento del Órgano Director, de manera tal que se sientan satisfactoriamente capacitados para ejecutar las funciones para las cuales han llegado al equipo. Por favor fundamente su respuesta para poder comprender la necesidad de la mejor manera.

Tu respuesta

6.2. Califique la utilidad de este formulario y justifique su respuesta en el siguiente espacio.

	1	2	3	4	5	
Totalmente inútil	○	○	○	○	○	Excelente, completo y muy apropiado

6.2.i. Por favor, justifique la calificación de la pregunta 6.2 para poder comprender su respuesta y entregarle el mejor apoyo posible.

Tu respuesta

HA LLEGADO AL FIN DEL FORMULARIO

Agradecemos muchísimo su tiempo. Su enfoque es muy importante para la mejora continua. La capacitación es vital para entregar todas las herramientas necesarias para apoyarlo en su importante labor. Tenga muy buen día.

Se enviará una copia de tus respuestas por correo electrónico a la dirección que has proporcionado.

Enviar   Página 1 de 1   Borrar formulario

Ejemplar de formato de Evaluación de Inversiones (ejemplar parcial para aseguramiento de la confidencialidad)

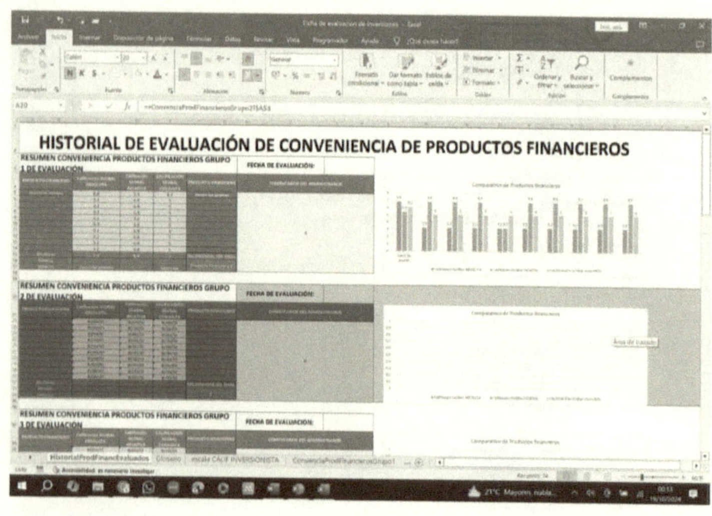

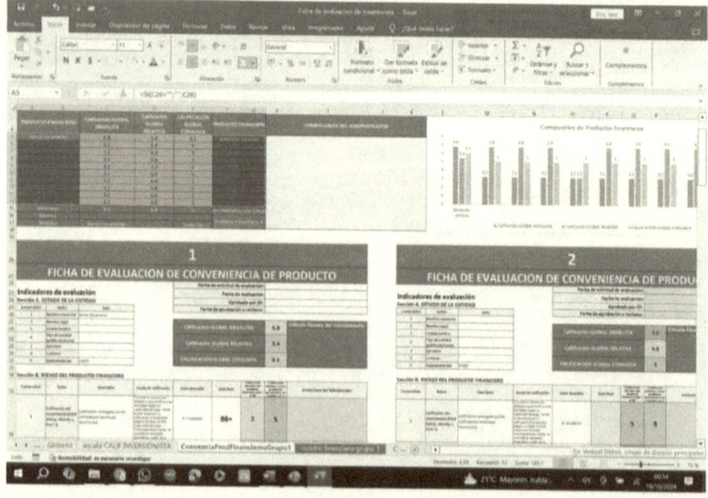

Ejemplar de formato de Proyectos –Propuesta Preliminar (ejemplar parcial para aseguramiento de la confidencialidad)

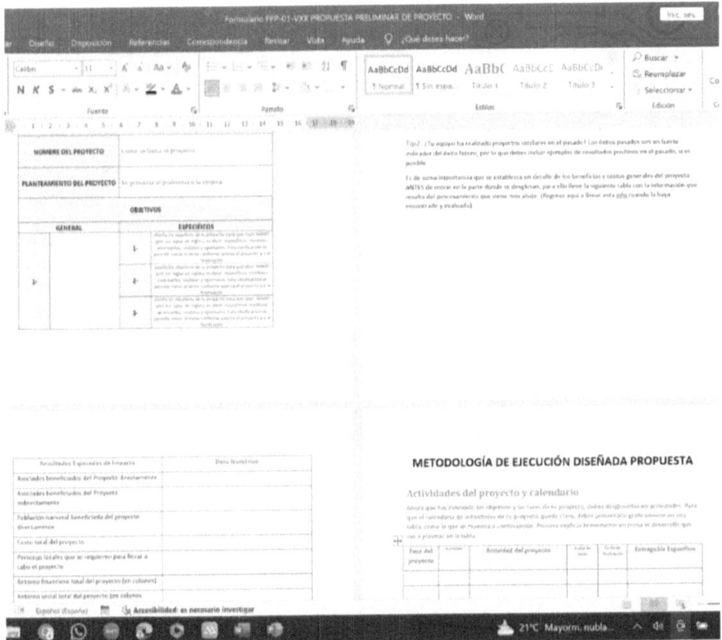

Casi todos los proyectos necesitan un presupuesto para tener éxito. Tanto si el proyecto precisa de una financiación en el sentido tradicional, como si solo requiere el tiempo de los participantes o el acceso a suministros que ya están disponibles en la oficina, asegúrate de indicar claramente los recursos imprescindibles, para que tus lectores puedan dar su aprobación fácilmente.

Recordemos lo siguiente:

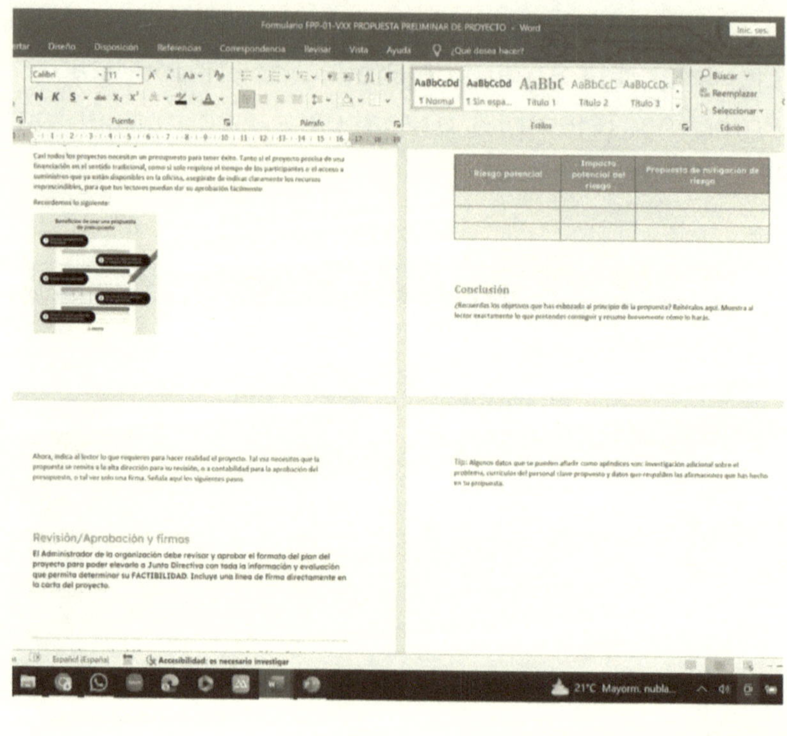

Riesgo potencial	Impacto potencial del riesgo	Propuesta de mitigación de riesgo

Conclusión

¿Recuerdas los objetivos que has esbozado al principio de la propuesta? Reitéralos aquí. Muestra al lector exactamente lo que pretendes conseguir y resume brevemente cómo lo harás.

Ahora, indica al lector lo que requieres para hacer realidad el proyecto. Tal vez necesites que la propuesta se remita a la alta dirección para su revisión, o a contabilidad para la aprobación del presupuesto, o tal vez solo una firma. Señala aquí los siguientes pasos.

Tip: Algunos datos que se pueden añadir como apéndices son: investigación adicional sobre el problema, currículos del personal clave propuesto y datos que respalden las afirmaciones que has hecho en tu propuesta.

Revisión/Aprobación y firmas

El Administrador de la organización debe revisar y aprobar el formato del plan del proyecto para poder elevarlo a Junta Directiva con toda la información y evaluación que permita determinar su FACTIBILIDAD. Incluye una línea de firma directamente en la carta del proyecto.

Ejemplar de formato de Proyectos –Diseño y Factibilidad (ejemplar parcial para aseguramiento de la confidencialidad)

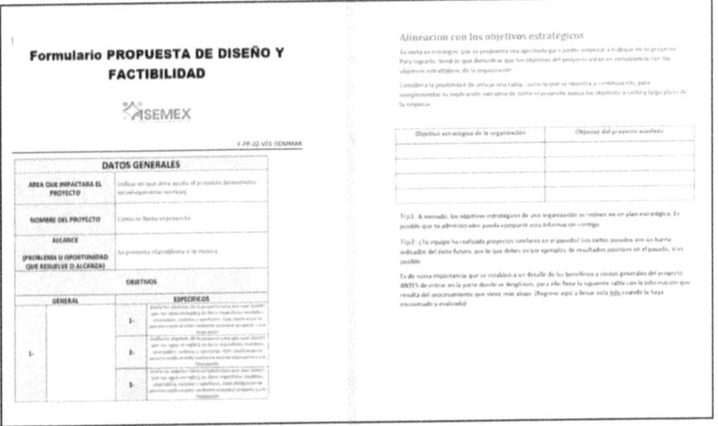

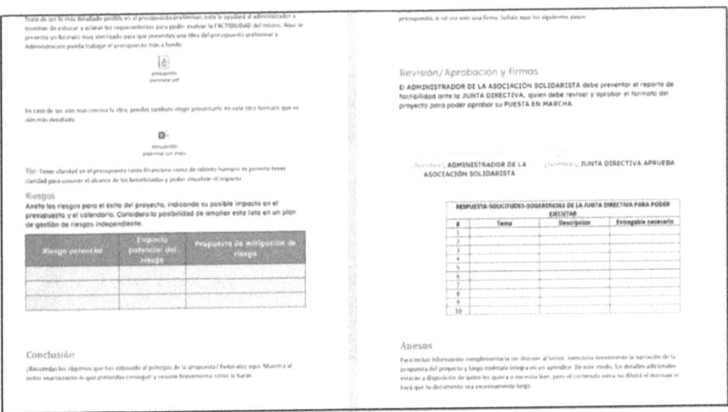

Ejemplar de formato de Tablero de Control de Proyectos (ejemplar parcial para aseguramiento de la confidencialidad)

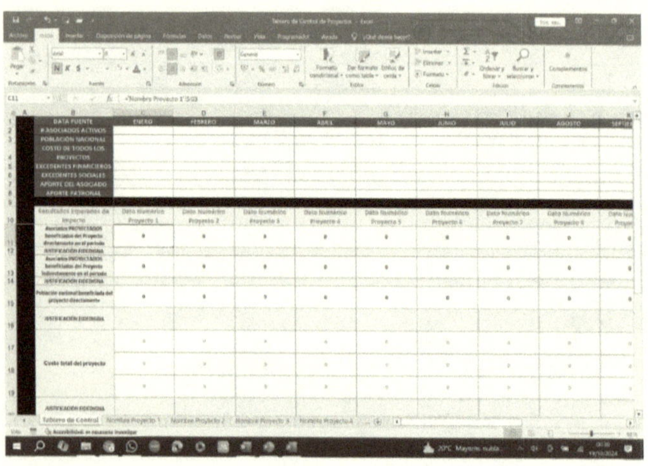

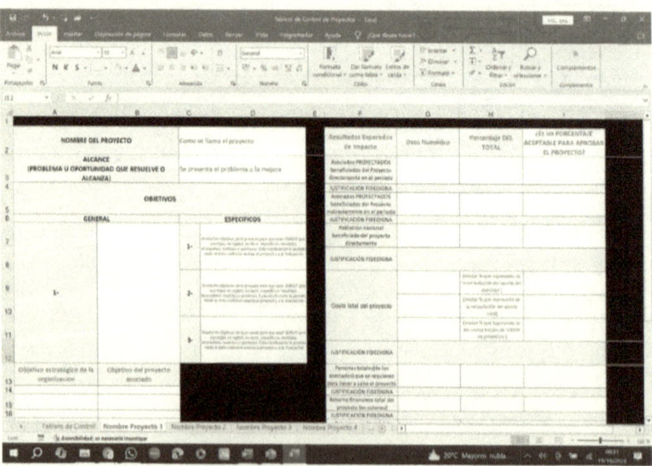

Ejemplar de formato de Hoja de Verificación de Capacitación

LOGO

Nombre del colaborador que se capacita:

TÍTULO DE CAPACITACIÓN	Calificación de la Prueba Comprensiva	Firma del Colaborador(a)

Por medio de mi firma en cada sección, afirmo que he asistido a la totalidad de cada capacitación indicada en el recuadro superior, que mis dudas han sido evacuadas satisfactoriamente, y que comprendo los estándares con los que debe operarse en la empresa según los documentos vigentes. Asimismo que he ejecutado la prueba comprensiva de calificación automática y he obtenido la calificación indicada en el recuadro que firmo. (En casos de calificación menor a 80, la prueba debe repetirse en menos de 1 semana y enviar captura de pantalla a su superior inmediato para comprobar su comprensión correcta)

Nombre: _________________________ Fecha: _________________________

Cédula: _________________________ Firma: _________________________

Requisitos para la Ejecución de una Asamblea Virtual en las Asociaciones Solidaristas
(información aportada por Jairo Araya Ávila)

Simultaneidad: Las personas físicas que integran el órgano colegiado deben concurrir en
forma simultánea a la formación de la voluntad imputable al órgano. La simultaneidad es
inherente a las deliberaciones y al procedimiento de formación de la voluntad colegiada. Toda
la regulación que se hace del procedimiento de formación de la voluntad parte de esa
simultaneidad que es la que permite la deliberación permitiendo incluso "estar juntos", a través
de mecanismos de telepresencia.

Interactividad: Estos mecanismos son interactivos, permitiendo una comunicación
bidireccional y sincrónica, sea en tiempo real, es decir se transmite en vivo y en directo, desde
un punto a otro o entre varios puntos a la vez.

Integralidad: La comunicación debe ser integral, porque permite el envío de imagen
(personas, video, multimedia, etc), sonido (voz de alta calidad, música, etc) y datos (ficheros
automáticos, bases de datos; etc).»

Información relevante en relación con la Persona de Enlace u Oficial de Cumplimiento ante SUGEF

Reglamento : 1542 del 04/11/2019	
Reglamento para la prevención del riesgo de legitimación de capitales, financiamiento al terrorismo y financiamiento de la proliferación de armas de destrucción masiva, aplicable a los sujetos obligados por los artículos 15 y 15 bis de la Ley N° 7786	
Ente emisor:	Consejo Nacional de Supervisión del Sistema Financiero
Fecha de vigencia desde:	01/11/2020
Versión de la norma: 1 de 1 del 04/11/2019	

- Tomado de
    - http://www.pgrweb.go.cr/

Información exacta, reacomodada para facilidad gráfica de este documento:

CAPÍTULO VI

OFICIAL DE CUMPLIMIENTO O PERSONA DE ENLACE

Artículo 24. Oficial de cumplimiento o Persona de enlace

El sujeto obligado debe designar un Oficial de cumplimiento a tiempo completo, o una Persona de enlace a tiempo completo o parcial, de conformidad con lo establecido en los lineamientos generales a este Reglamento. Esto, con el objeto de identificar las vulnerabilidades de exposición al riesgo de LC/FT/FPADM, y establecer métodos y acciones para la prevención de este riesgo.

El sujeto obligado debe propiciar las condiciones necesarias para el Oficial de cumplimiento o Persona de enlace, que garanticen el desempeño eficiente de sus funciones y la toma de decisiones, dentro del ámbito de sus competencias. Además, debe garantizar que en caso de ausencia del titular, este sea sustituido por un funcionario que realice las funciones que le corresponden al primero.

La Junta Directiva u órgano equivalente del sujeto obligado debe nombrar el Oficial de cumplimiento o Persona de enlace, según se dispone en los lineamientos generales a este Reglamento.

El sujeto obligado debe comunicar a la Superintendencia y a la UIF del ICD, el nombramiento del Oficial de cumplimiento o Persona de enlace, en los casos que corresponda, en un plazo no mayor a tres días hábiles posteriores a su designación, incluyendo las calidades y/o atestados. Asimismo, debe comunicar la conclusión de la relación de cualquiera de ellos, y las justificaciones correspondientes.

Artículo 25. Requisitos del Oficial de cumplimiento o Persona de enlace

El Oficial de cumplimiento o, en los casos que corresponda, la Persona de enlace, debe cumplir al menos con los siguientes requisitos y calidades:

a) Mayor de edad.

b) Formación académica mínima:

i. Oficial de cumplimiento: Técnico universitario o equivalente.

ii. Persona de enlace: Bachillerato en educación diversificada.

c) Experiencia mínima en labores de Oficialía de cumplimiento o en las labores de la actividad citada en los artículos 15 o 15 bis de la Ley 7786, por la cual fue inscrito el sujeto obligado:

i. Oficial de cumplimiento: tres años.

ii. Persona de enlace: un año.

d) Conocimiento en materia de prevención de legitimación de capitales y financiamiento al terrorismo.

e) Conocimiento sobre hojas de cálculo electrónicas, procesadores de texto electrónicos y correo electrónico.

Artículo 26. Incompatibilidades en los nombramientos del Oficial de cumplimiento o Persona de enlace

No pueden ser designados como Oficial de cumplimiento o Persona de enlace aquellas personas que:

a) Hayan sido condenadas por cualquiera de los delitos relacionados con temas de LC/FT/FPADM.

b) Se encuentren designadas en listas en materia de LC/FT/FPADM, de la Organización de las Naciones Unidas (ONU) o la Oficina de Control de Activos Extranjeros de Estados Unidos (OFAC, por sus siglas en inglés)

Artículo 27. Funciones del Oficial de cumplimiento o Persona de enlace

El Oficial de cumplimiento o Persona de enlace del sujeto obligado debe realizar las siguientes funciones, con el objeto de prevenir el riesgo de LC/FT/FPADM:

a) Ser el enlace directo entre el sujeto obligado, la Superintendencia y cualquier otra autoridad competente.

b) Elaborar y actualizar el manual de prevención del riesgo de LC/FT/FPADM.

c) Establecer medidas y controles sobre la prevención del riesgo de LC/FT/FPADM en relación con:

i. Identificación y debida diligencia del cliente cuando establezca relaciones comerciales con el sujeto obligado.

ii. Mantenimiento y disponibilidad de información sobre los registros de transacciones con el cliente.

iii. Personas expuestas políticamente (PEP).

iv. Surgimiento de nuevas tecnologías, nuevos productos y nuevas prácticas comerciales.

v. Sucursales y filiales extranjeras.

vi. Relaciones comerciales y transacciones con personas físicas o jurídicas e instituciones financieras, domiciliadas en países catalogados de riesgo por organismos internacionales.

vii. Preparar y comunicar con absoluta independencia el reporte de operaciones sospechosas a la UIF del ICD, incluyendo los intentos de realizarlas.

viii. Confidencialidad cuando se esté entregando a UIF del ICD un reporte de operación sospechosa o información relacionada.

d) Coordinar las labores de capacitación en materia de LC/FT/FPADM, tanto para los funcionarios regulares como para los de nuevo ingreso.

e) Validar y enviar los reportes requeridos por las autoridades competentes.

f) Realizar monitoreo de las transacciones de los clientes, para identificar aquellas sin justificación documental (fundamento económico o legal) o que se salen del patrón habitual.

g) Elaborar y presentar informes al menos cada seis meses, de la gestión realizada por el Oficial de cumplimiento o Persona de Enlace, a la autoridad máxima del sujeto obligado, para la toma de decisiones.

h) Verificar la integridad de: los propietarios, apoderados, directivos, administradores y empleados del sujeto obligado.

i) Atender las solicitudes de autoridades competentes (decomiso, secuestro u otra medida cautelar), sobre bases relacionadas con la comisión de los delitos previstos en la Ley 7786.

Link para ingreso al documento de SUGEF de formato sugerido para el montaje del manual de riesgo
https://www.sugef.fi.cr/sujetos%20inscritos%20ley%207786%20-%20(%20apnfds)/informacion%20apnfd/01-Manual%20de%20prevencion%20del%20riesgo%20de%20LC-FT-FPADM%20(APNFD).pdf

GUÍA: MANUAL DE PREVENCIÓN DEL RIESGO DE
LC/FT/FPADM (APNFD)

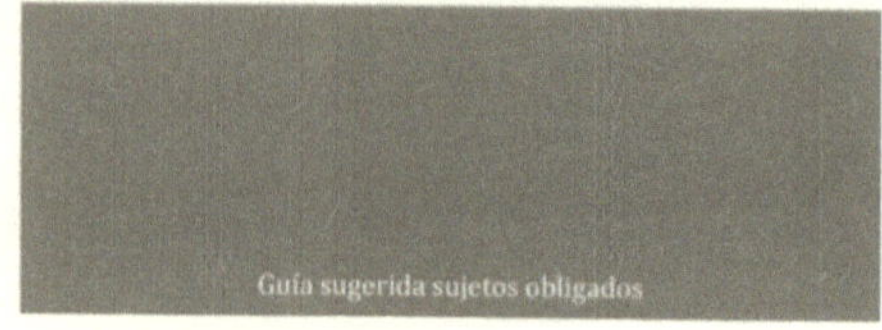

Ejemplar Ficticio de Portada de Auditoría Anual en Asociación Solidarista

(con espacios censurados donde debería encontrarse información identificativa)

Cédula Jurídica

Despacho autorizado por el Colegio de Contadores Públicos de Costa Rica, licencia No.

Despacho autorizado por CONASSIF, Resolución SUGEI   GV-R-1350 del 14 de diciembre del 2005

Certificado en Control de Calidad por parte de la Junta Directiva del Colegio de Contadores Públicos de Costa Rica, Sesión Ordinaria celebrada el

E mail:

E mail:

Auditoría Externa:

tas

Teléfonos:

Costa Rica**

DICTAMEN Y ESTADOS FINANCIEROS AUDITADOS
Al 31 de

Asociación Solidarista de Empleados de

Siglas:

Cédula jurídica: 3-002-

Despacho Autorizado por <u>CONASSIF (SUGEF, SUPEN, SUGEVAL, SUGESE)</u> y Colegio de Contadores Públicos de Costa Rica, "Reglamento de Auditores Externos y Medidas de Gobierno Corporativo Aplicable a Los Sujetos Fiscalizados por "SUGEF, SUPEN, SUGEVAL, SUGESE" emitido por el Consejo Nacional de Supervisión del Sistema Financiero mediante artículos   tas de las Sesiones   , respectivamente, celebradas el 20 de enero del 2005, mediante carta del <u>www.sugeval.fi.cr/ Registro</u> Nacional de Valores/ participantes/ Inscritos como: auditor externo elegible/regulador: todos

Ejemplar de Secciones que puede contener un reporte de Auditoría ejecutado de forma muy adecuada

Ejemplar de Portada de Auditoría Anual en Asociación Solidarista

(con espacios censurados donde debería encontrarse información identificativa)

Opinión de los Auditores Independientes.

A la Junta Directiva de la Asociación
Asociación Solidarista de Empleados de

Opinión:
Hemos auditado los estados financieros de la empresa **Asociación Solidarista de Empleados de**

En nuestra opinión, los estados financieros adjuntos expresan.

Fundamento de la opinión:
Hemos llevado a cabo nuestra auditoría de conformidad con las Normas Internacionales de Audito

(NIA's).

sección "

informe

Correo Electrónico	Dirección	Teléfono

Ejemplar de Estructura de Estado de Flujo de Efectivo en una Asociación Solidarista (ejemplar censurado para aseguramiento de la confidencialidad)

Asociación Solidarista de Empleados de

Estado de Flujo de Efectivo
Por los periodos terminados el 31 de diciembre
(Expresados en colones costarricenses sin céntimos)

	Notas		
Flujo de Efectivo de las Actividades de Operación			
Resultado del periodo			
Partidas aplicadas a resultados que no requieren uso de fondos			
Pérdidas por estimación para créditos incobrables			
Gastos por provisión y otros			
Depreciaciones y amortizaciones			
Efectivo Generado por los resultados		-	
Variación en los activos (aumento), o disminución			
Créditos y Avances en efectivo			
Cuentas por cobrar			
Productos por Cobrar			
Otros activos			
Variación neta en los pasivos, aumento o (disminución).			
Obligaciones a la vista			
Cuentas por Pagar			
Aportes en Custodia			
Gastos Acumulados			
Flujos netos de efectivo de actividades de operación:			
Flujos netos de efectivo usados en actividades de Inversión			
Mobiliario y Equipo			
Variación en Inversiones			
Flujo neto de efectivo en actividades de Inversión			
Flujos netos de efectivo usados en actividades de financiamiento.			
Dividendos			
Aportes de capital recibidos en efectivo			
Flujos netos de efectivo usados en actividades de financiamiento.			
Aumento neto en efectivo y equivalentes			
Efectivo y equivalentes al inicio del año			
Efectivo y equivalentes al final del año			

Ejemplar de Estructura de Estado de Resultados en una Asociación Solidarista

(ejemplar censurado para aseguramiento de la confidencialidad)

Asociación Solidarista de Empleados

Estado de Resultados
Por los periodos terminados el 31 de
(Expresados en colones costarricenses sin céntimos)

	Notas		
Ingresos por Actividad Financiera			
Por Disponibilidades			
Por inversiones en instrumentos Financieros			
Por Cartera de Créditos			
Por préstamos			
Otros Ingresos			
Total Ingresos Financieros			
Gastos Financieros			
Por Otros gastos			
Por comisiones y primas			
Por Gastos Financieros			
Total Gastos Financieros			
RESULTADO FINANCIERO			
Otros Ingresos de Operación			
Por Actividades Comerciales			
Por otros ingresos operativos			
Total Otros Ingresos de Operación			
RESULTADO OPERACIONAL BRUTO			
Gastos			
Gastos de Administración			
Total Gastos Administrativos			
RESULTADO DEL PERIODO			
Dividendos cancelados por renuncias			
Excedente Neto antes de Impuesto Renta			

Viene de la página anterior...
Estado de Situación Financiera
Al 31 de
(Expresados en colones costarricenses sin céntimos)

PASIVO
PASIVO A CORTO PLAZO
Obligaciones con el Público
    Captaciones a la Vista
    Intereses por Pagar
Otras Cuentas por Pagar y Provisiones
    Provisiones y Otros
    Otras cuentas por pagar diversas
TOTAL PASIVO A CORTO PLAZO

PASIVO A LARGO PLAZO
    Aportes en Custodia
TOTAL PASIVO A LARGO PLAZO
TOTAL PASIVOS

PATRIMONIO
Capital Social
Excedentes por renuncias
Resultados del Período
TOTAL DEL PATRIMONIO
TOTAL DEL PASIVO Y PATRIMONIO

Ejemplar de Estructura de Estado de Situación Financiera en una Asociación Solidarista

(ejemplar censurado para aseguramiento de la confidencialidad)

Asociación Solidarista de Empleados de

Estado de Situación Financiera.
Al 31 de
(Expresados en colones costarricenses sin céntimos)

ACTIVO
ACTIVO CIRCULANTE
Disponibilidades
    Efectivo
    Entidades Financieras del país
Inversiones en Instrumentos Financieros.
    Mantenidas para negociar
Cartera de Créditos
    Créditos Vigentes
Otras Cuentas por Cobrar Diversas
    Cuentas por Cobrar
    Cuentas por Cobrar
    Productos por Cobrar
TOTAL DEL ACTIVO CIRCULANTE

ACTIVO A LARGO PLAZO
Mobiliario y equipo Neto
TOTAL ACTIVO A LARGO PLAZO

OTROS ACTIVOS
Otros Activos
    Depósitos en Garantía
    Participaciones en el capital de otras empresas
    Inventarios
    Otros Activos
TOTAL OTROS ACTIVOS
TOTAL ACTIVOS

Ejemplar de Estructura de Estado de Cambios en el Patrimonio en una Asociación Solidarista

(ejemplar censurado para aseguramiento de la confidencialidad)

Asociación Solidarista de Empleados

Estado de Cambios en el Patrimonio.
Por los periodos terminados el 31
(Expresados en colones costarricenses sin centimos)

Periodo 2023	Notas	Capital Social - aporte obrero	Capital Social - aporte Patronal	Capitalización de Excedentes	Excedente Disponible	Total Patrimonio
Aporte Laboral						
Aporte Patronal						
Dividendos						
Otros						
Utilidad del periodo						
TOTAL						

Ejemplar de Estructura de Estado de Flujo de Efectivo en una Asociación Solidarista (ejemplar censurado para aseguramiento de la confidencialidad)

Asociación Solidarista de Empleados de

Estado de Flujo de Efectivo
Por los periodos terminados el 31 de diciembre
(Expresados en colones costarricenses sin céntimos)

Flujo de Efectivo de las Actividades de Operación   Notas
     Resultado del periodo
Partidas aplicadas a resultados que no requieren uso de fondos
     Pérdidas por estimación para créditos incobrables
     Gastos por provisión y otros
     Depreciaciones y amortizaciones

Efectivo Generado por los resultados

Variación en los activos (aumento), o disminución
     Créditos y Avances en efectivo
     Cuentas por cobrar
     Productos por Cobrar
     Otros activos
Variación neta en los pasivos, aumento o (disminución).
     Obligaciones a la vista
     Cuentas por Pagar
     Aportes en Custodia
     Gastos Acumulados

Flujos netos de efectivo de actividades de operación:

Flujos netos de efectivo usados en actividades de Inversión
     Mobiliario y Equipo
     Variación en Inversiones

Flujo neto de efectivo en actividades de Inversión

Flujos netos de efectivo usados en actividades de financiamiento.
     Dividendos
     Aportes de capital recibidos en efectivo

Flujos netos de efectivo usados en actividades de financiamiento.

Aumento neto en efectivo y equivalentes
Efectivo y equivalentes al inicio del año
Efectivo y equivalentes al final del año

Ejemplar de Estructura de Estado de Resultados en una Asociación Solidarista

(ejemplar censurado para aseguramiento de la confidencialidad)

Asociación Solidarista de Empleados

Estado de Resultados
Por los periodos terminados el 31 de
(Expresados en colones costarricenses sin centimos)

	Notas		
Ingresos por Actividad Financiera			
Por Disponibilidades			
Por inversiones en instrumentos Financieros			
Por Cartera de Créditos			
Por préstamos			
Otros Ingresos			
Total Ingresos Financieros			
Gastos Financieros			
Por Otros gastos			
Por comisiones y primas			
Por Gastos Financieros			
Total Gastos Financieros			
RESULTADO FINANCIERO			
Otros Ingresos de Operación			
Por Actividades Comerciales			
Por otros ingresos operativos			
Total Otros Ingresos de Operación			
RESULTADO OPERACIONAL BRUTO			
Gastos			
Gastos de Administración			
Total Gastos Administrativos			
RESULTADO DEL PERIODO			
Dividendos cancelados por renuncias			
Excedente Neto antes de Impuesto Renta			

Viene de la página anterior...
Estado de Situación Financiera
Al 31 de
(Expresados en colones costarricenses sin céntimos)

PASIVO
PASIVO A CORTO PLAZO
Obligaciones con el Público
 Captaciones a la Vista
 Intereses por Pagar
Otras Cuentas por Pagar y Provisiones
 Provisiones y Otros
 Otras cuentas por pagar diversas
TOTAL PASIVO A CORTO PLAZO

PASIVO A LARGO PLAZO
 Aportes en Custodia
TOTAL PASIVO A LARGO PLAZO
TOTAL PASIVOS

PATRIMONIO
Capital Social
Excedentes por renuncias
Resultados del Periodo
TOTAL DEL PATRIMONIO
TOTAL DEL PASIVO Y PATRIMONIO

Ejemplar de Estructura de Estado de Situación Financiera en una Asociación Solidarista

(ejemplar censurado para aseguramiento de la confidencialidad)

Asociación Solidarista de Empleados de

Estado de Situación Financiera.
Al 31 de
(Expresados en colones costarricenses sin céntimos)

ACTIVO
ACTIVO CIRCULANTE
Disponibilidades
   Efectivo
   Entidades Financieras del país
Inversiones en Instrumentos Financieros.
   Mantenidas para negociar
Cartera de Créditos
   Créditos Vigentes
Otras Cuentas por Cobrar Diversas
   Cuentas por Cobrar
   Cuentas por Cobrar
   Productos por Cobrar
TOTAL DEL ACTIVO CIRCULANTE

ACTIVO A LARGO PLAZO
Mobiliario y equipo Neto
TOTAL ACTIVO A LARGO PLAZO

OTROS ACTIVOS
Otros Activos
   Depósitos en Garantía
   Participaciones en el capital de otras empresas
   Inventarios
   Otros Activos
TOTAL OTROS ACTIVOS
TOTAL ACTIVOS

Ejemplar de Estructura de Estado de Cambios en el Patrimonio en una Asociación Solidarista

(ejemplar censurado para aseguramiento de la confidencialidad)

Asociación Solidarista de Empleados c

Estado de Cambios en el Patrimonio.
Por los periodos terminados el 31
(Expresados en colones costarricenses sin centimos)

Periodo 2023	Notas	Capital Social - aporte obrero	Capital Social - aporte Patronal	Capitalización de Excedentes	Excedente Disponible	Total Patrimonio
Aporte Laboral						
Aporte Patronal						
Dividendos						
Otros						
Utilidad del periodo						
TOTAL						

Ejemplar Ficticio de Portada de Auditoría Anual en Asociación Solidarista

(con espacios censurados donde debería encontrarse información identificativa)

Cédula Jurídica

Despacho autorizado por el Colegio de Contadores Públicos de Costa Rica, licencia No.

Despacho autorizado por CONASSIF, Resolución SUGEF   GV-R-1350 del 14 de diciembre del 2005

Certificado en Control de Calidad por parte de la Junta Directiva del Colegio de Contadores Públicos de Costa Rica, Sesión Ordinaria celebrada el

E mail:

E mail:

Auditoría Externa:

tas

Teléfonos:

Costa Rica**

DICTAMEN Y ESTADOS FINANCIEROS AUDITADOS
Al 31 de

Asociación Solidarista de Empleados de

Siglas:

Cédula jurídica: 3-002-

Despacho Autorizado por **CONASSIF (SUGEF, SUPEN, SUGEVAL, SUGESE)** y Colegio de Contadores Públicos de Costa Rica, "Reglamento de Auditores Externos y Medidas de Gobierno Corporativo Aplicable a Los Sujetos Fiscalizados por "SUGEF, SUPEN, SUGEVAL, SUGESE" emitido por el Consejo Nacional de Supervisión del Sistema Financiero mediante artículos   tas de las Sesiones   , respectivamente, celebradas el 20 de enero del 2005, mediante carta del **www.sugeval.fi.cr/ Registro** Nacional de Valores/ participantes/ Inscritos como: auditor externo elegible/regulador: todos.

Ejemplar de Secciones que puede contener un reporte de Auditoría ejecutado de forma muy adecuada

Opinión de los Auditores Independientes. ....

Estado de Situación Financiera. ....

Estado de Resultados ....

Estado de Flujo de Efectivo......................................

Estado de Cambios en el Patrimonio......................................

    Entidad que Reporta. ....

    Principales políticas contables......................................

    -Composición de los rubros de los estados financieros..

    Administración del Riesgo. ....

    Hechos relevantes......................................

    Eventos Subsecuentes. ....

Ejemplar de Portada de Auditoría Anual en Asociación Solidarista

(con espacios censurados donde debería encontrarse información identificativa)

Opinión de los Auditores Independientes.

A la Junta Directiva de la Asociación
Asociación Solidarista de Empleados de

Opinión:
Hemos auditado los estados financieros de la empresa **Asociación Solidarista de Empleados de**

En nuestra opinión, los estados financieros adjuntos expresan,

Fundamento de la opinión:
Hemos llevado a cabo nuestra auditoría de conformidad con las Normas Internacionales de Audite
(NIA's).
sección "
informe.

Correo Electrónico:	Dirección.	V…

Ejemplar de Declaraciones de Impuestos usualmente presentadas en una Asociación Solidarista

(ejemplares censurados e incompletos para aseguramiento de la confidencialidad)

mh Ministerio de Hacienda
DIRECCIÓN GENERAL DE TRIBUTACIÓN

ATV Administración Tributaria Virtual

D1 - Número declaración

NÚMERO DE DECLARACIÓN ASIGNADO PARA EFECTOS TRIBUTARIOS:

02 - Período

04 - Cédula

05 - Rectificativa

06 - Nombre   ASOCIACIÓN SOLIDARISTA DE EMPLEADOS

I. Retenciones en la Fuente por Salarios, Jubilaciones y otros pagos laborales

20 - Salarios, jubilaciones, pensiones y otros pagos laborales

21 - Otros servicios laborales

22 - Total retención por pagos laborales y otras remuneraciones por servicios personales

II. Determinación de la Obligación Tributaria

61 - Total retenciones

III. Liquidación de la Deuda Tributaria

75 - Total Impuesto

82 - Intereses

83 - Total Deuda Tributaria

84 - Compensación

85 - Total de Deuda Pagar

Fecha de presentación

Pensando en el diseño de la página electrónica de la Administración Tributaria Virtual

Código de Seguridad

REPUBLICA DE COSTA RICA
MINISTERIO DE HACIENDA
DIRECCION GENERAL DE TRIBUTACION

BORRADOR

Declar@ 7 - Version: 2.0.1.0
Actualizació:

DECLARACION D152 - Declaración anual resumen de impuestos únicos y definitivos.

PERIODO_______________2:

COD. ADMINISTRACION________3:

CEDULA_______________4:

- ASOCIACION SOLIDARISTA DE EMPLEADOS DE

DECLARACION _____________5:   Original

I: RESUMEN ANUAL DE RETENCIONES, IMPUESTOS UNICOS Y DEFINITVOS

	Cantidad Registros	Monto	Impuesto
Salarios y demás pagos laborales (SL)			
Devolución de incentivos por retiro anticipado del Régimen de Pensiones Complementarias (SLV)			
Interéses (IN)			
Operaciones de recompras o reportos de valores (RO)			
Dividendos y participaciones (DP)			
Remesas al exterior no incluidas en las partidas anteriores (RE)			
Otras retenciones no especificadas (OR)			
Banca para el Desarrollo (BR)			
Totales			

Este documento no tiene validez de presentación ante la Administración Tributaria

Las declaraciones o manifestaciones que formulen los sujetos pasivos se presumen fiel reflejo de la verdad y responsabilizan al informante por la exactitud de los datos (art. 130 del Código de Normas y Procedimientos Tributarios).

La omisión en el suministro de información o con errores de contenido, constituye una infracción administrativa sancionable (art. 83 del Código de Normas y Procedimientos Tributarios).

104-2

Declaración Jurada del Impuesto al Valor Agregado - IVA

NÚMERO DE DECLARACIÓN ASIGNADO PARA EFECTOS TRIBUTARIOS:

02 - Período

04 - Cédula

05 - Rectificativa

06 - Nombre

ASOCIACION SOLIDARISTA DE
EMPLEADOS DE

Actividad económica

Ventas del período

Total de ventas sujetas, exentas y no sujetas

Ventas sujetas (Base Imponible)

Bienes y servicios afectos al 0,5%

Venta de bienes agropecuarios o agroindustriales orgánicos, registrados y certificados, o insumos para su producción, según inciso 4 del Artículo 11 de LIVA

Venta de servicios según inciso 4, subinciso b) del Artículo 11 de LIVA

Bienes de capital para la elaboración de productos agropecuarios o agroindustriales orgánicos, registrados y certificados, según inciso 4, subinciso b) del Artículo 11 de LIVA

Bienes y servicios afectos al 1%

Venta de bienes y servicios relacionados a la canasta básica tributaria

-Bienes

-Servicios

Venta de bienes y servicios agropecuarios incluidos en la canasta básica tributaria

-Bienes

-Servicios

-Bienes de capital

Venta de materias primas e insumos según inciso 3, subinciso c) del Artículo 11 de LIVA y de vehículos eléctricos y repuestos según Ley N°10209 (de enero a diciembre de 2023)

Venta de productos veterinarios, insumos agropecuarios y pesca

Bienes y servicios afectos al 2%

Venta de medicamentos, materias primas, insumos, maquinaria, equipo y reactivos para su producción

Venta de primas de seguros personales y de vehículos eléctricos y repuestos según Ley N°10209 (de enero a diciembre de 2024)

Venta de bienes y servicios que hagan las instituciones estatales de educación superior y otras autorizadas, así como las realizadas a dichas entidades

Venta de otros servicios de educación privada no acreditados por el MEP y/o CONESUP

Bienes y servicios afectos al 4%

Venta de boletos o pasajes aéreos

-Vuelos nacionales

-Vuelos internacionales

Presentado por medio de la página electrónica de la Administración Tributaria Virtual

Código de Seguridad

Ministerio de Hacienda
DIRECCIÓN GENERAL
DE TRIBUTACIÓN

ATV Administración Tributaria Virtual

02 - Período

NÚMERO DE DECLARACIÓN ASIGNADO PARA EFECTOS TRIBUTARIOS:

02 - Período

04 - Cédula

05 - Rectificativa

06 - Nombre   ASOCIACION SOLIDARISTA DE EMPLEADOS DE

I. Activos y pasivos

20 - Efectivo, bancos, inversiones transitorias, documentos y cuentas por cobrar

21 - Acciones y aportes en sociedades

22 - Inventarios

23 - Activos fijos (descuente la depreciación acumulada)

24 - Total activo neto

25 - Total pasivo

26 - Capital neto

II. Ingresos

27 - Venta de bienes y servicios, excepto los servicios profesionales

28 - Servicios profesionales y honorarios

29 - Comisiones

30 - Intereses y rendimientos

31 - Dividendos y participaciones

32 - Alquileres

33 - Otros ingresos diferentes a los anteriores

34 - Ingresos no gravables incluidos dentro de los anteriores

35 - Total renta bruta

III. Costos, gastos y deducciones

36 - Inventario inicial

37 - Compras

38 - Inventario final

39 - Costo de ventas

40 - Intereses y gastos financieros

41 - Gastos ventas y administrativos

42 - Depreciación, amortización y agotamiento

43 - Aportes de regímenes voluntarios de pensiones complementarias (Max.10% renta bruta)

44 - Otros costos, gastos y deducciones permitidos por la ley

45 - Total de costos, gastos y deducciones permitidos por la ley

IV. Base imponible

46 - Renta Neta

Presentado por medio de la página electrónica de la Administración Tributaria Virtual

Código de Seguridad:

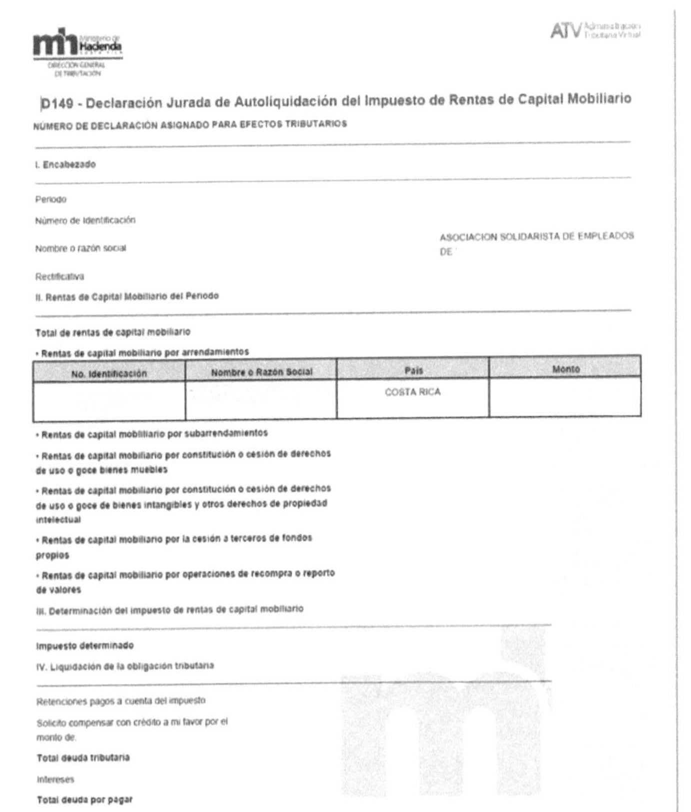

ATV Administración Tributaria Virtual

Ministerio de Hacienda
DIRECCIÓN GENERAL
DE TRIBUTACIÓN

D149 - Declaración Jurada de Autoliquidación del Impuesto de Rentas de Capital Mobiliario

NÚMERO DE DECLARACIÓN ASIGNADO PARA EFECTOS TRIBUTARIOS

I. Encabezado

Periodo

Número de Identificación

Nombre o razón social

ASOCIACION SOLIDARISTA DE EMPLEADOS DE

Rectificativa

II. Rentas de Capital Mobiliario del Periodo

Total de rentas de capital mobiliario

• Rentas de capital mobiliario por arrendamientos

No. Identificación	Nombre o Razón Social	País	Monto
		COSTA RICA	

• Rentas de capital mobiliario por subarrendamientos

• Rentas de capital mobiliario por constitución o cesión de derechos de uso o goce bienes muebles

• Rentas de capital mobiliario por constitución o cesión de derechos de uso o goce de bienes intangibles y otros derechos de propiedad intelectual

• Rentas de capital mobiliario por la cesión a terceros de fondos propios

• Rentas de capital mobiliario por operaciones de recompra o reporto de valores

III. Determinación del impuesto de rentas de capital mobiliario

Impuesto determinado

IV. Liquidación de la obligación tributaria

Retenciones pagos a cuenta del impuesto

Solicito compensar con crédito a mi favor por el monto de.

Total deuda tributaria

Intereses

Total deuda por pagar

Fecha de presentación

Presentado por medio de la página electrónica de la Administración Tributaria Virtual

Código de Seguridad

DE LOS RECURSOS ECONÓMICOS DE LA ASOCIACIÓN.

Artículo 11. La Asociación tendrá los siguientes recursos económicos:

a. Los pagos por ingreso de acuerdo a lo que fije la Asamblea, ahorros ordinarios y extraordinarios de los asociados, así como las contribuciones para fines específicos.

b. El aporte de la Empresa, que lo entregará en custodia y administración a la Asociación como fondo de reserva para auxilio de cesantía, mediante aportes que serán de un tres por ciento (3%) del total de los salarios consignados en las planillas de la Caja Costarricense Seguro Social.

c. El ahorro mensual mínimo que los asociados deben realizar equivalente a un tres por ciento (3%) del salario reportado por el patrono en las planillas de la Caja Costarricense Seguro Social, de acuerdo con el artículo dieciocho de la ley 6970. Los asociados autorizarán al patrono para que lo deduzca del salario y lo entregue a la Asociación a más tardar tres días hábiles después de haber efectuado las deducciones.

d. Los ingresos por donaciones, herencias, o legados que pudieran corresponderle.

e. Los excedentes capitalizados o reservas de excedentes creados por estatutos.

f. Cualquier otro ingreso lícito que reciba.

Artículo 12. El Asociado que teniendo obligación de pagar sus cuotas de ahorro, deje de pagar seis cuotas ordinarias consecutivas o que desautorice al patrono para que deduzca de su salario las mismas, perderá automáticamente su calidad de asociado. Dicha circunstancia le será notificada por escrito al asociado, y la resolución tendrá recurso de revocatoria dentro del tercer día ante los organismos respectivos.

Artículo 13. El cálculo de los excedentes se hará de acuerdo al ahorro del asociado, su aporte patronal, reservas de excedentes y excedentes capitalizados, según lo establece el artículo 9 de la ley 6970. El primer año de funcionamiento de la Asociación Solidarista se capitalizará el cien por ciento de los excedentes generados. A partir del segundo año se procederá a distribuirá el cien por ciento de los dividendos a los asociados, a menos que por acuerdo de Asamblea General de Asociados se acuerdo diferente. El asociado podrá contemplar dentro de su disponible para el otorgamiento de créditos, el anterior porcentaje de capitalización.

Artículo 14. Todos los fondos de la Asociación deberán ser manejados mediante las cuentas corrientes bancarias necesarias para la debida operación de la Organización.

Corresponde al Presidente, Vicepresidente y Tesorero registrar sus firmas en las cuentas corrientes que tenga o llegue a tener la Asociación en cualquiera de los bancos del Sistema Bancario Nacional.

Todo pago mediante cheque deberá ser girado con la firma mancomunada de al menos dos de los directivos citados.

Todas las inversiones que hiciere la Asociación las deberá realizar en instrumentos financieros emitidos por el Gobierno Central (Ministerio de Hacienda), Banco Central de Costa Rica, Instituciones del Gobierno de Costa Rica sean autónomas, semiautónomas, Fondos de Inversión, emisores del sector privado, todas estas entidades registradas en la Bolsa Nacional de Valores, que estén supervisadas por la SUGEVAL o SUGEF, con calificación de riesgo "AA" o su equivalente como mínimo.

Artículo 15. Los periodos económicos de la Asociación serán coincidentes, se computarán desde el .... hasta el .... ire del año siguiente, siendo el mismo que fija el Ministerio de Hacienda a través de la Dirección General de Tributación Directa. La Empresa patrono podrá realizar auditorías sobre la correcta administración y custodia del aporte patronal, cuando así lo requiera por escrito. Así mismo, la Junta Directiva deberá contratar los servicios de una auditoría externa para cada periodo fiscal.

CAPITULO IV.
DE LAS ASAMBLEAS GENERALES.

Artículo 16. La Asamblea General, legalmente convocada, es el órgano supremo de la Asociación y expresa la voluntad colectiva en las materias de su competencia. Las facultades que la Ley o los Estatutos no atribuyen a otro órgano, será competencia de la Asamblea. Las Asambleas ordinarias o extraordinarias podrán celebrarse en el domicilio social de la Asociación o donde la Junta Directiva lo designe. Los acuerdos que se tomen en Asamblea General son de cumplimiento obligatorio para todos los asociados, ya sea que hayan estado presentes o ausentes, o que hayan votado positiva o negativamente el acuerdo del que se trate.

Artículo 17. Se celebrará por lo menos una Asamblea General Ordinaria Anual en el mes de noviembre. Esta asamblea ordinaria anual deberá ocuparse además de los asuntos incluidos en el orden del día, de los siguientes:

a. Discutir, aprobar o desaprobar el Informe de Resultados del ejercicio anual que presenten la Junta Directiva y la Fiscalía, y tomar sobre él las medidas que juzgue oportunas.

b. En su caso, hacer el nombramiento de los miembros de la Junta Directiva y Fiscalía.

c. Tomar las medidas generales necesarias para la buena marcha de la Asociación.

Artículo 18. Para que la Asamblea Ordinaria se considere legalmente reunida en primera convocatoria, deberá estar representada en ella, más de la mitad del total de los asociados, y las resoluciones sólo serán válidas cuando se tomen por más de la mitad de los miembros presentes.

Artículo 19. Si la Asamblea Ordinaria se reuniere en segunda convocatoria, una hora después de convocada la primera, se constituirá válidamente, cualquiera que sea el número de los asociados que concurran, y las resoluciones habrá de tomarse por más de la mitad de los asociados presentes.

Artículo 20. Deberán celebrarse asambleas extraordinarias para tratar los asuntos contemplados en el artículo 29 de la ley 6970, la cual quedará legalmente constituida en primera convocatoria con la presencia de tres cuartas partes del total de asociados. El quórum, en segunda convocatoria, una hora después, es válido cualquiera que sea el número de asociados que concurra. Las resoluciones serán tomadas por más de las dos terceras partes de los asociados presentes.

Artículo 21. Las Asambleas ordinarias o extraordinarias serán convocadas por la Junta Directiva o por su Presidente, con ocho días naturales de anticipación, por medio de correo electrónico, carta o circular.

Artículo 22. Corresponde a la Asamblea General, reunida en sesión extraordinaria, acordar las reformas parciales o totales a los estatutos, así como la disolución de la Asociación, siendo los acuerdos válidos cuando hayan sido tomados con el voto positivo de las dos terceras partes de los asociados presentes.

Ejemplar de Estructura de Estatutos adecuados en una fundación de una Asociación Solidarista

(ejemplar censurado para aseguramiento de la confidencialidad)

ASAMBLEA CONSTITUTIVA

Se transcribe en lo conducente para efectos registrales el Act. Asamblea General Constitutiva de la **ASOCIACIÓN SOLIDARI! EMPLEADOS** cuyas siglas serán , celebrada el día quince de octubre del año dos mil catorce, al ser las catorce horas cincuenta y cinco minutos, con el siguiente orden del día: **ARTÍCULO PRIMERO**. Se da la debida comprobación del quórum, el que se encuentra de acuerdo a la ley. **ARTÍCULO SEGUNDO**: Se da el Registro de los socios Fundadores, que han aprobado de forma unánime constituir la asociación solidarista. Registro que se adjunta en documento aparte. **ARTÍCULO TERCERO**: Se procede a la lectura y aprobación de los Estatutos de la Asociación Solidarista, los cuales son aprobados de manera unánime y con la siguiente redacción:

CAPITULO I.
DEL NOMBRE, DOMICILIO, PLAZO Y FINES.

Artículo 1. La Asociación se denominará ASOCIACIÓN SOLIDARISTA DE EMPLEADOS DE , el cual podrá abreviarse con las siglas:

Artículo 2. El domicilio de Asociación será la ciudad de pero podrá extender su actividad en todo el territorio nacional.

Artículo 3. En virtud de los fines que persigue y de acuerdo con el artículo cuarto de la ley de Asociaciones Solidaristas Nº6970, la Asociación tendrá un plazo indefinido.

Artículo 4. La Asociación persigue los siguientes fines:

a. Fomentar la armonía, los vínculos de unión y la cooperación solidaria entre los empleados, así como entre éstos y la empresa.

b. Formular, realizar y difundir todo tipo de programas de interés para los asociados, que contribuyan a fomentar la solidaridad entre los asociados y sus familias.

c. Defender los intereses socio económicos del trabajador asociado, a fin de procurarle un nivel de vida digno y decoroso y sea partícipe de los servicios y beneficios que le brinde la asociación o la empresa.

d. Desarrollar campañas de divulgación dentro de la empresa, tales como cursos y seminarios, así como editar folletos para los afiliados sobre las actividades de la empresa, del solidarismo y de la doctrina que lo inspira.

e. Establecer un fondo de reserva de liquidez del 15% para cubrir el pago de auxilio de cesantía y la devolución de ahorros a los asociados. Parte del porcentaje antes indicado se utilizará para el cumplimiento de las disposiciones del Banco Central de conformidad con su Ley Orgánica número 7558 del 27 de noviembre de 1995.

Artículo 5. La Asociación podrá solicitar ayuda financiera, técnica o de otra índole a entidades públicas y privadas, nacionales o extranjeras, que aplicará en la consecución de sus objetivos.

Para lograr la satisfacción de todos sus objetivos, podrá comprar, vender, hipotecar, pignorar, arrendar y de cualquier otro modo poseer y disponer de bienes muebles o inmuebles, derechos reales y personales, acorde con el artículo cuarto de la ley de Asociaciones Solidaristas Nº6970. Asimismo podrá celebrar todo tipo de actos y contratos lícitos conforme a lo dispuesto en el artículo citado. Podrá además desarrollar programas culturales, deportivos, educativos, recreativos, sociales, financiar becas, ofrecer servicios profesionales al asociado, así como de auxilio familiar, ofrecer expendio de productos básicos, de formación de patrimonio al retiro por medio del ahorro, de vivienda, y de ayuda económica mediante cajas de ahorro y préstamos, sin menoscabo de cualquier otra actividad o programa orientado al desarrollo espiritual, social y económico del asociado.

CAPITULO II.
DE LOS ASOCIADOS.

Artículo 6. La Asociación tendrá dos tipos de asociados:

a. FUNDADORES. Se considerarán asociados fundadores las personas que suscriban la presente Acta Constitutiva.

b. ORDINARIOS. Será asociado ordinario la persona física que en el futuro se afilie a la Asociación.

Artículo 7. Para afiliarse a la Asociación se requiere:

a. Una solicitud escrita dirigida a la Junta Directiva de la Asociación.
b. Tener la condición de empleado permanente de la empresa.

c. Tener más de tres meses de laborar para la empresa.
d. Ser mayor de quince años de edad.

Artículo 8. Ninguna persona puede ser obligada a formar parte de esta Asociación, y sus asociados pueden afiliarse o desafiliarse cuando lo deseen. Para este último caso, los interesados en desafiliarse deberán solicitar su desafiliación por escrito a la Junta Directiva, quien la aprobará sin más trámite, siempre que el solicitante esté al día en sus obligaciones de carácter económico con la Asociación.

Artículo 9. Son Deberes de los Asociados:

A. Acatar y respetar las disposiciones de la Ley y los Estatutos, los acuerdos, y resoluciones de la Asamblea General y de la Junta Directiva, dictados dentro de sus respectivas atribuciones.

B. Contribuir con su esfuerzo al progreso de la Asociación y el cumplimiento de sus fines.

C. Asistir a las asambleas ordinarias y extraordinarias debidamente convocadas.

D. Pagar el ahorro obligatorio que fija la Asamblea General, de acuerdo con lo estipulado en la Ley.

E. Desempeñar debidamente los cargos directivos y de Fiscalía y realizar las tareas o encargos que le asigne la Asamblea General o la Junta Directiva.

Artículo 10. Son Derechos de los Asociados:

A. Tener voz y voto en las Asambleas Generales.

B. Elegir y ser electos para cualquier cargo dentro de la Asociación. Para ser electo el asociado deberá no estar inhibido por la prohibición del artículo catorce de la Ley.

C. Examinar los Libros, documentos y actuaciones de la Asociación y de sus órganos ante los funcionarios encargados de su custodia.

D. Disfrutar de todos los demás derechos y beneficios económicos y sociales que sean inherentes a su condición de asociado, o que le concedan estos estatutos, la Asamblea General o la Junta Directiva.

Artículo 23. La voluntad de los asociados será expresada en las asambleas por medio de votación personal, por lo tanto ningún asociado podrá hacerse representar por otra persona, asociada o no.

Artículo 24. Los asociados que representan al menos una cuarta parte del total de los afiliados de la Asociación, podrán pedir por escrito a la Junta Directiva la convocatoria a una asamblea general, para tratar los asuntos que indiquen en su petición, y la Junta Directiva tendrá la obligación de realizar la convocatoria dentro de los quince días naturales siguientes contados desde aquel en que se haya recibido la solicitud, esto de acuerdo con el artículo treinta y uno de la ley 6970.

CAPITULO V
DE LA JUNTA DIRECTIVA.

Artículo 25. La Dirección Administrativa y ejecutiva de la Asociación estarán a cargo de una Junta Directiva compuesta de siete miembros que serán: Presidente, Vicepresidente, Secretario, Tesorero, Vocal I, Vocal II y Vocal III.

Artículo 26. La Junta Directiva es el órgano encargado de fijar las políticas dentro del marco de la ley, este Estatuto, y los lineamientos que fije la Asamblea General. Será responsable además de emitir y velar por que se cumplan los acuerdos de la Asamblea General y reglamentos de

Son atribuciones de la Junta Directiva:

1. Velar por el fiel cumplimiento de la ley, este estatuto, los acuerdos emanados de las Asambleas Generales; así como de los reglamentos adoptados.

2. Administrar los bienes de conformidad con las disposiciones legales, estatutarias y reglamentarias, y los mejores intereses de los asociados.

3. Admitir, suspender, expulsar y excluir a los asociados cuando:
   i. Su comportamiento afecte el buen nombre o los intereses sociales de la asociación.
   ii. Su comportamiento afecte los intereses económicos de la asociación.
   iii. Por actuar en nombre de la asociación, sin estar facultado para ello, causándose perjuicio social y/o económico a ésta.
   iv. Las establecidas en el artículo 8, incisos b) y d) de la ley 6970.

   En el caso de que exista una causa de suspensión o expulsión de un asociado, previo a la suspensión o cesación de la afiliación, la Junta Directiva comunicará por escrito al afectado los motivos que justifican el procedimiento de suspensión o expulsión, indicándose también la fecha de sesión de Junta Directiva dónde se analizará su caso.

   El asociado, en el momento que reciba la comunicación del procedimiento de suspensión o expulsión, puede, en el término de tres días hábiles, preparar su defensa; una vez cumplido dicho plazo y en la sesión de Junta Directiva indicada, se tratará lo correspondiente al caso de suspensión o expulsión, estando el asociado presente, con la posibilidad de aportar pruebas y alegatos que estime pertinente ante dicho órgano directivo, así como esgrimir su defensa. Le corresponderá a la Junta Directiva acordar lo relativo a la suspensión o expulsión del asociado.

   Esta resolución tendrá recurso de revocatoria ante la Junta Directiva y apelación ante la Asamblea General.

4. Dictar, revisar, reformar y derogar los reglamentos.
5. Aprobar y modificar el presupuesto anual.
6. Recibir y entregar por inventario, los bienes de
7. Integrar comisiones ordinarias y especiales.
8. Proceder a la distribución de los excedentes del período fiscal respectivo, una vez dictaminados los estados financieros, y declarado el monto de los excedentes a distribuir por la respectiva auditoría externa.
9. Autorizar a la Administración el uso de firmas electrónicas de los directivos registrados en las cuentas bancarias, para el giro de cheques y transferencias, manteniendo para ello un control permanente de los pagos y desembolsos girados por la asociación. Bajo ninguna circunstancia quienes firman cheques o dan ejecución con su clave y usuario a una transferencia electrónica, pueden revisar y aprobar la transacción respectiva, la cual previamente debe ser revisada en forma separada por Contabilidad y aprobada por el Director que no firma o ejecuta.
10. Cualquier otra que el presente estatuto o la ley le otorguen, y por las que serán personalmente responsables.

Artículo 27. Los miembros de la Junta Directiva durarán en sus cargos por períodos de dos años y podrán ser reelegidos de manera indefinida. En busca de la alternabilidad de los puestos, se elegirán en años pares al Presidente, Secretario y Vocal I, mientras que en años impares corresponderá la elección del Vicepresidente, Tesorero, Vocales II y III. Sus nombramientos se efectuarán en la Asamblea General Ordinaria. Los directores tomarán posesión de sus cargos en la fecha de su elección. La sustitución temporal de cualquier miembro de la Junta directiva, se hará de acuerdo con lo dispuesto en el artículo 42 de la Ley.

Artículo 28. La Junta Directiva sesionará ordinariamente por lo una vez al mes, en el lugar, día y hora que se determine, pudiendo sesionar extraordinariamente cuando sea convocada por el Presidente o por tres miembros suyos, por medio de carta circular con una anticipación de al menos veinticuatro horas. El quórum se conformará con la mitad más uno de los miembros, los acuerdos se tomarán por simple mayoría de los votos presentes. En caso de empate, el Presidente ejecutará su derecho de doble voto.

Artículo 29. Son Facultades y obligaciones del Presidente:

a. Asistir puntualmente y presidir las Asambleas Generales y reuniones de Junta Directiva.
b. Representar a la Asociación con Facultad de Apoderado Generalísimo sin Límite de Suma, sin embargo, para vender, hipotecar, prendar, gravar o de alguna forma disponer de los bienes muebles o inmuebles de la Asociación, requerirá acuerdo de la Junta Directiva.
c. Convocar las asambleas generales y las sesiones de Junta Directiva.
d. Dirigir y mantener el orden de los debates, así como suspender y levantar las sesiones.
e. Presentar a la Asamblea Ordinaria Anual un informe de las actividades de la Asociación durante el ejercicio para el que fue nombrado.
f. Velar por la buena marcha y administración de la Asociación durante el ejercicio para el que fue nombrado, observando y haciendo observar los estatutos, reglamentos, y resoluciones de la Asamblea General y de la Junta Directiva.

g. Aplicar, de ser necesario, el doble voto en las votaciones que resulten en empate en el seno de la Junta Directiva.

h. Determinar la necesidad de suscripción de pólizas de fidelidad para los directivos, gerentes y empleados de la asociación que se involucren en el manejo de fondos.

i. Otorgar poderes generales y poderes generalísimos con límite de suma a los Gerentes o Administradores que se nombren. La naturaleza del poder y el monto autorizado en caso de tratarse de uno generalísimo, será determinado por acuerdo de Junta Directiva.

Artículo 30. Son obligaciones del Vicepresidente:

a. Asistir puntualmente y presidir las Asambleas Generales y reuniones de Junta Directiva.

b. Suplir al Presidente de la Junta Directiva cuando éste se encuentre ausente temporalmente o definitivamente, con la plenitud de poderes del Presidente. Bastará la sola afirmación del Vicepresidente de que actúa en función del Presidente para que se le tenga como tal, sin necesidad de más pruebas o requisitos.

c. Desempeñar eficientemente las comisiones y tareas que se le encomienden.

Artículo 31. Son Obligaciones del Tesorero:

a. Asistir puntualmente y presidir las Asambleas Generales y reuniones de Junta Directiva.

b. Asegurar que se ejecute el cobro de cuotas de los afiliados.

c. Velar por el adecuado registro y manejo de todo aspecto contable y económico de la Asociación. Para tales efectos ejercerá una adecuada supervisión sobre quienes lleven la Contabilidad y actuará en coordinación con la Auditoría Externa.

d. Velar por el depósito en las cuentas definidas de los dineros ingresados por cualquier concepto a más tardar el día hábil siguiente de recolectado.

e. Asegurar que la Junta Directiva, reciba como mínimo una vez al mes, la información sobre la gestión económica y financiera de la Asociación.

f. Velar por los Libros Mayor, y diario y sus respectivos auxiliares.

Artículo 32. Son obligaciones del Secretario:

a. Asistir puntualmente a las reuniones de Junta Directiva y de Asambleas Generales.

b. Redactar, firmar y mantener controles, sobre la correspondencia de la Junta Directiva

c. Llevar los Libros de actas de asambleas generales y libro de actas de Junta Directiva.

d. Velar por el adecuado registro de los afiliados.

e. Cumplir las funciones de divulgación o enlace que le asigne la Junta Directiva.

f. Velar por que los archivos de la Asociación se lleven adecuadamente.

Artículo 33. Son obligaciones de los Vocales I, II y III:

a. Asistir puntualmente y presidir las Asambleas Generales y reuniones de Junta Directiva.

b. Desempeñar eficientemente las comisiones y tareas que se le encomienden.

c. Suplir a cualquier miembro de la Junta directiva ya sea de forma temporal o definitiva, según corresponda.

CAPITULO VI
DEL ÓRGANO FISCAL

Artículo 34. La vigilancia de la Asociación estará a cargo de un órgano fiscalizador compuesto por un fiscal, asociado o no, quien ejercerá su cargo por un periodo de dos años, pudiendo ser reelegido y su nombramiento es revocable. Tendrá el Fiscal como atribuciones las indicadas en el artículo ciento noventa y siete del Código de Comercio y las que se indican a continuación:

a. Vigilar por la conservación debida de los bienes de la Asociación,

b. Buscar las informaciones que considere convenientes y ponerlas en conocimiento de la Junta Directiva.

c. Denunciar a la Junta Directiva o a la Asamblea cualquier irregularidad que note en el funcionamiento de la Asociación o en la conducta de sus directores o afiliados.

d. Vigilar que los actos y acuerdos de la Asociación y sus órganos y la conducta de los miembros de la Junta Directiva, se ajusten a lo dispuesto en los presentes estatutos y a las leyes que rigen la materia.

e. Revisar los estados financieros que presente el Tesorero y los libros legales de la Asociación, así como los demás registros que deben llevar éste y el Secretario.

f. Presentar el informe de Fiscalía a la Asamblea General.

CAPITULO VII
DE LA ASOCIACIÓN, SU ADMINISTRACION Y DEL REPRESENTANTE PATRONAL.

Artículo 35. En virtud del artículo décimo cuarto de la ley 6970, El patrono podrá designar un representante, con derecho a voz pero sin voto, que podrá asistir a las asambleas generales y a las sesiones de la junta directiva con el objetivo que sea un canal de comunicación entre la empresa patrono y la Asociación Solidarista.

Artículo 36. La Asociación contará con una unidad técnica administrativa, encabezada por un ________ l y compuesta por las dependencias que éste considere oportuno crear, siempre que justifique su existencia ante la Junta Directiva. Será obligación de esta ________ el proveer los manuales de puestos y funciones, así como los planes de trabajo de cada unidad.

Artículo 37. Las relaciones obrero patronales de la Asociación con sus trabajadores observarán las siguientes reglas:

I. El ________ l responderá ante la Junta Directiva, siendo el Presidente el responsable patronal directo.

II. Los empleados de menor rango estarán subordinados a ________ y su relación y manejo será directo con el funcionario responsable.

III. Toda definición de deberes, derechos, prohibiciones y remuneración se establecerá en apego a lo estipulado por el Código de Trabajo, la legislación laboral vigente, así como lo indicado por la CCSS.

Artículo 38. Corresponde al ________ la presentación mensual de los estados financieros y de resultados, presupuestos y flujos de caja, ante la Junta Directiva, quien los aprobará o no, la ejecución de los presupuestos, planes y programas, así como la elaboración anual de un plan operativo que incluye el presupuesto del periodo.

CAPÍTULO VIII.

DE LA REFORMA DE LOS ESTATUTOS.

Artículo 39. Las reformas parciales o totales de los estatutos deberán hacerse en una asamblea general extraordinaria y la resolución se tomará válidamente por el voto de los que representen más de las dos terceras partes del total de los asociados presentes.

Artículo 40. La Asamblea General Extraordinaria podrá acordar el formar parte o renunciar a una Federación o Confederación de Asociaciones Solidaristas, tal como lo establece el artículo quinto de la ley 6970. En el primer caso, la Asamblea General designará sus delegados, tomando en cuenta a todos los asociados.

Artículo 41. Los delegados a la Federación o Confederación deberán cumplir con los mismos requisitos que la ley exige para los miembros de Junta Directiva. Estos delegados durarán en sus cargos, el plazo establecido en el estatuto de la Federación o Confederación para el cual fueron designados.

CAPÍTULO IX.

DE LA DISOLUCIÓN Y LIQUIDACION.

Artículo 42. La Asociación se disolverá por cualquiera de las causas señaladas en el artículo cincuenta y seis de la Ley de Asociaciones Solidaristas N°6970.

Artículo 43. En caso de disolución, esta se regirá por lo establecido en el capítulo quinto de la ley 6970.

Para el Órgano de Fiscalía se nombra a:

Fiscal ___________________, portador de la cédula de identidad

I ___________________ portadora de la cédula de identidad número

ARTÍCULO QUINTO: Se concede poder amplio y suficiente a la licenciada ___________________ cedula ___________________ para que proceda a inscribir la presente documentación ante el Departamento de Organizaciones Sociales del Ministerio de Trabajo y Seguridad Social, pudiendo hacer enmiendas y aclaraciones hasta lograr la respectiva inscripción.

Adicionalmente se designa como medio para recibir notificaciones el

Todos los miembros de Junta Directiva y Órgano Fiscal, estando presente en la asamblea constitutiva de esta asociación aceptan sus cargos y entran en posesión de los mismos en este acto. Se declaran firmes los acuerdos tomados en esta asamblea a las ___________ ras ___________ nutos del día ___________ octubre del año ___________ dándose por terminada la misma en la cual se leyó, aprobó, quedó en firme y se firmó la presente acta.

DISPOSICIÓNES TRANSITORIAS.

1. Los que comparecen en este acto se considerarán de pleno derecho Asociados fundadores de la Asociación que ahora se constituye.

2. Con el fin de acogerse a la alterabilidad de puestos establecida en el artículo veintisiete, por esta única vez los puestos de Vicepresidente, Tesorero, Vocales II y III fungirán en su cargo por un periodo mayor a los dos años establecidos en el estatuto, de tal manera que su vencimiento será en el año ________ FIN DE LOS ESTATUTOS.

CONTINUANDO CON EL ORDEN DEL DÍA DE LA ASAMBLEA CONSTITUTIVA:

ARTÍCULO CUARTO. Se integra la primera Junta Directiva de la asociación solidarista, de la siguiente manera:

Presidente: ___________________, portador de la cédula de identidad númerc

Vicepresidente: ___________________ portador de la cédula de identidad númen

Secretario: ___________________, portadora de la cédula de identidad número

Tesorero: ___________________ tadora de la cédula de identidad número

Vocal I: ___________________, portador de la cédula de identidad númer

Vocal II: ___________________ rtadora de la cédula de identidad número

Vocal III: ___________________ portadora de la cédula de identidad número

Fuentes de apoyo para la labor profesional aplicada y razonamiento preliminar para la creación de este manual práctico:

Amador, I., Arce, P., Gómez, M., Montoya, L.& Palma, A. (2011). Evaluación de la gestión social y financiera en las asociaciones solidaristas de Costa Rica (Proyecto de graduación para optar por el grado de licenciatura). Instituto Tecnológico de Costa Rica, Cartago, Costa Rica. https://repositoriotec.tec.ac.cr

Araya, Jairo. (enero 2022-octubre, 2024). Sesiones de interconsulta profesional sostenida de manera constante, presencial y virtual personalizada para una amplia gama de asesorías a Asociaciones Solidaristas trabajadas en conjunto, así como análisis operativo de la aplicación de la Ley 6970 en el contexto organizacional de las asociaciones en la actualidad.

Asamblea Legislativa de Costa Rica, *Ley Nº 6970: Ley de Asociaciones Solidaristas.* (Promulgada 7 de noviembre de 1984, última versión de estudio 3 de mayo del 2022). SCIJ-Sistema Costarricense de Información Jurídica. [http://www.pgrweb.go.cr/scij/Busqueda/Normativa/Normas/nrm_texto_completo.aspx?nValor1=1&nValor2=35047].

Blanco-B, Gustavo. *El solidarismo o el sindicato visitado*

Camacho, Fabiana. *Solidarismo en Costa Rica.* SCRiesgo, 7 de agosto del 2019. https://www.scriesgo.com/files/publication/220_estadoactualdelsolidarismo.pdf

Cátedra Solidarista Alberto Martén Chavarría. *Alberto Martén Chavarría: padre del movimiento solidarista. 75 aniversario del solidarismo en Costa Rica.* 1° edición, San José, C.R.: Progreso Editorial, 2023.

Departamento de Auditoría Interna. (2012). Informe de control interno sobre la administración de la Asociación Solidarista de la Imprenta Nacional. https://www.imprentanacional.go.cr.

Garro, V., Castellón, L. *Importancia social y económica de la membresía del movimiento solidarista en la Costa Rica del s. XXI* / Víctor Garro M., Leonardo Castellón R., investigadores. – 1. ed. – [San José], C.R.: Universidad de Costa Rica. CICAP, 2014.

por las empresas. Nueva sociedad nro.110 noviembre- diciembre 1990, pp. 128-139. www.nuso.org.

Valverde, J. Coexistencia Solidarismo-Sindicalismo en el Sector Público de Costa Rica: un caso de pragmatismo laboral. FES, ASEPROLA, 1993.

UNA GUÍA PRÁCTICA PARA LA GESTIÓN SOLIDARISTA DE GOBERNANZA Y CUMPLIMIENTO

El solidarismo resguarda en su espíritu el trabajo en equipo y el fin primordial o misión máxima de **promover la mejora de la calidad de vida de sus asociados**: un propósito noble que demuestra que verdaderamente **JUNTOS SE LLEGA MÁS LEJOS...**

Desgraciadamente, en este viaje, así como en muchos otros en los que nos desarrollamos los profesionales y expertos de la estrategia organizacional, encontramos una gran gama de aplicaciones operativas que, aunque tengan una buena intención, y esfuerzo importante del talento humano que conforma una asociación solidarista, **no necesariamente son buenas prácticas.**

Los participantes del proceso de la labor diaria se topan constantemente con **errores prácticos y conceptuales,** que algunos de mis colegas llaman aberraciones solidaristas, y que abren portillos peligrosos para prácticas poco convenientes o incluso, contraproducentes, ante el verdadero objetivo solidarista.

Esta guía práctica pretende presentar una especie de **manual didáctico,** que, a la luz de la Ley 6970 logre **derribar algunos pequeños mitos, barreras y malas prácticas** que históricamente han generado múltiples desfalcos, desilusión del asociado, alejamiento de los verdaderos principios solidaristas, y división en el sector.

Organización es Sinónimo de Éxito y Solo Hay Una Manera de Saberlo: ¡PROCEDA!

ISBN: 978-9968-03-967-3

Una producción de

CEDAD Asesores

CONSULTAS ILIMITADAS DE CORTESÍA
POR REDES SOCIALES
Whatsapp +506 6058-1016
Email successcoachliz@gmail.com